Das Netz ist politisch – Teil I

Das Netz ist politisch – Teil I

#evoting #schülerüberwachung #contacttracing
#gesichtserkennung

Adrienne Fichter

Autorin: Adrienne Fichter

Verlag & Produktion: buch & netz (buchundnetz.com)

Umschlaggestaltung: buch & netz (buchundnetz.com)

ISBN:

978-3-03805-302-6 (Print – Hardcover)

978-3-03805-301-9 (Print – Softcover)

978-3-03805-345-3 (PDF)

978-3-03805-346-0 (ePub)

978-3-03805-347-7 (mobi/Kindle)

Version: 0.84-20201015

Die Texte wurden ursprünglich im digitalen Magazin «Republik» publiziert.

Dieses Werk ist als buch & netz Online-Buch und als eBook in verschiedenen Formaten, sowie als gedrucktes Buch verfügbar. Weitere Informationen finden Sie unter der URL: https://buchundnetz.com/werke/das-netz-ist-politisch-teil-1.

Inhalt

Editorial

Diese Zeilen schreibe ich im Home Office. Als Tech-Journalistin, die sich mit gesellschaftlichen und politischen Implikationen von Technologie auseinandersetzt, fasziniert mich die aktuelle Periode. Denn die derzeitige Pandemie hat uns gezeigt, dass nicht nur das Gesundheitswesen das Prädikat «Systemrelevanz» verdient. Sondern auch eine funktionierende digitale Infrastruktur. Kein Chief Technological Officer, kein Innovationsprojekt, kein Extrabudget konnte die digitale Transformation von Schulen, Verwaltungen und Unternehmen so sehr beschleunigen wie das 2019 entdeckte Coronavirus. Der von Regierungen verhängte Lockdown oder Shutdown wurde zum Katalysator der digitalen Transformationen, die man an einigen Stellen – Schule, Parlament, Unternehmen, Bundesverwaltung – jahrelang aufgeschoben hat.

Das Coronavirus zwang uns – Eltern, Lehrerinnen, Bundesangestellte und Managerinnen – sich mit Fragen auseinanderzusetzen, die wir jahrelang bis ins Jahr 2020 wegprokrastinieren. Schliesslich reichte ja für den Alltagsbetrieb zu einem grossen Teil die physische Präsenz. Nun zeigt sich, wie sehr die Digitalisierung zu einem grossen Teil Verhandlungsmasse ist. Und Entscheidungsprozesse beinhalten, in denen wir zwischen verschiedenen Werten, Prinzipien, Geschäftsmodellen oder Algorithmen austarieren müssen: Etwa wenn wir uns mit der Wahl des richtigen Videokonferenzwerkzeugs für unsere Home Office-Umgebungen beschäftigen: was ist uns wichtig, pragmatischer Benutzerkomfort, eine funktionsfähige Leitung, die nicht zusammenbricht oder eine Ende-zu-Ende verschlüsselte und datensparsame Videoverbindung? Oder bei Fragen, wie eine nationale Contact Tracing-App ausgestaltet werden soll: maximal privatsphärenfreundlich, aber damit auch epidemiologisch untauglich?

Viele der obigen Fragen tangieren verschiedene ethische Werte und Designprinzipien, die manchmal synergetisch und harmonisch zu vereinbaren sind. Oder sich manchmal klar widersprechen.

Privatsphäre, Nutzerkomfort, einfache Bedienbarkeit, hohe IT-Sicherheit, Transparenz durch Open Source, konstruktives oder fehlgeleitetes schädliches Verhalten aufgrund von algorithmischen Anreizen. Genau um diese Werte, ihre Widersprüche und aber auch Kongruenzen dreht sich mein Buch. In verschiedenen Recherchen, Analysen und Hintergrundgeschichten versuche ich das Spannungsverhältnis zwischen maximaler Vernetzung, grosser Reichweite und den potenziellen Einbussen an Selbstbestimmung und Privatsphäre herauszuarbeiten.

Dieser Diskurs mag vielleicht abstrakt klingen, doch die letzten drei Jahre boten genügend Anschauungsmaterial, wie Sie den ausgewählten Texten für dieses Buch entnehmen können: Angefangen mit eVoting, in der die Frage nach der richtigen Abstimmungssoftware direkt die Säule der Demokratie betrifft. Weiter mit der Frage welche der richtige Herausgeber für ein staatliches digitales Benutzerkonto sein soll: ein Privatunternehmen oder ein staatliches Passbüro? Dann zur brandaktuellen Thematik der Google-Schulen in der Schweiz und inwiefern ein Monopolist die persönlichen Daten von siebenjährigen Primarschülern verarbeiten darf. Bis hin zu ethischen Aspekten rund um die Contact Tracing-App, dem geopolitischen Konfliktpotenzial von globalen Lieferketten rund um die Computerchips der ETHs und inwiefern Brüssel die globale Technologiewelt regulieren kann. Das Weltgeschehen bot soviel Recherche-Stoff, dass ich mich ständig in neue Dossiers einlesen musste.

Seit sechs Jahren schreibe ich über diese Schnittmenge von Technologie und Demokratie, zuerst gelegentlich als Social Media-Redaktorin bei der NZZ. Nun hauptberuflich bei der Republik und als Herausgeberin des Buchs Smartphone-Demokratie, das im September 2017 erschienen ist. Mein Fokus wurde zu Beginn – also vor circa 8 Jahren – oft noch als Nischenthema bezeichnet. In deutschsprachigen Redaktionen wird Technologie und Software nicht als Politikum per se verstanden. Viele Journalistinnen und Journalisten konnten sich daher wenig unter der Schnittmenge von Digitalisierung und Demokratie vorstellen. Oft wurden die digitalen US-Kampagnen von Barack Obama und später von Donald Trump damit assoziiert, mehr nicht. Dies, obwohl die Snowden-Enthüllungen 2013 eindrücklich gezeigt haben, welche Machtkonstellationen und -bündnisse hinter einem unsicheren und unverschlüsselten Internet stecken können.

Im angelsächsischen Raum würde man sich über den Begriff Nische wundern. Denn was in Europa noch als Nische definiert wird, wird dort zu eigenen personell gut dotierten Ressorts aufgerüstet. In den USA hatte sich das Verständnis von Technologie-Journalismus nach den Nullerjahren – in denen insbesondere Gadgetbesprechungen und Serviceartikel dominierten – weiterentwickelt. Immer mehr forschten Journalisten zu den Intersektionen von Technologie und Gesellschaft. Akribisch werden Schnittstellen, Voreinstellungen und Sicherheitslücken gesucht. Wer fündig wird und eine Schwachstelle entdeckt mit grosser Tragweite, landet einen «Scoop». Der Vorsprung verwundert nicht, schliesslich gilt Nordamerika als Hauptsitz für viele Datenkonzerne. Doch bereit in gewissen fachjournalistischen Kreisen würde selbst der Nischenbegriff «Tech-Journalismus» als zu überholt, zu allgemein und generisch gelten. Er enthält für viele dieselbe Unschärfe wie das Wort Politikjournalismus, wo längst zwischen einer Inlandreporterin oder Brüssel-Korrespondentin unterschieden wird.

In amerikanischen Fachmagazinen haben sich deswegen regelrechte Subdisziplinen herausgebildet. Im Technologiemagazin Motherboard von Vice Media haben sich einzelne Disziplinen herausspezialisiert. Eine Cybersecurity, Privacy, Social Media-Reporterin deckt einen eigenen weiten Fachbereich – einen eigenen Beat – ab. Sie beobachten neue Entwicklungen, unternehmen Recherchen, publizieren Analysen und Kommentare zu ihrem Subfachgebiet. Alleine schon den Themenkomplex IT-Sicherheit journalistisch und fachlich kompetent zu begleiten, erfordert ein grosses Netzwerk von Sicherheitsspezialisten, Behörden, einer Anlaufstelle für Whistleblowers und fachkundige KollegInnen, die eine Journalistin für allerlei fachliche Fragen konsultieren soll.

Was sich in Europa allmählich langsam herausbildet, ist in den USA bereits etabliert. Vorbilder aus dem angelsächsischen Raum gibt es viele:

Motherboard, The Verge, Intercept. Doch wenn ich nur eine Person nennen müsste, dann wäre das die preisgekrönte Investigativjournalistin Julia Angwin und ihr neuestes Projekt The Markup. Angwin, die bereits bei der Non-profit-Plattform ProPublica-Recherchen publizierte, wollte sich mit Markup ganz auf die Technologien-Welt spezialisieren. Ihrer journalistischen Methoden und Ausrichtung verpasste sie eine passende Bezeichnung, auch wenn sich diese schwer auf Deutsch übersetzen lässt: Sie verfolgt einen «evidence-based tech accountability journalism». Relevant sind hier vor allem die Begriffe «Evidenz» und «Accountability» also «Rechenschaftspflichtigkeit».

Die Redakteurinnen und Redakteure von Markup arbeiten datenbasiert, sie erheben Datenauskünfte bei Technologie-Unternehmen, probieren verschiedene Werbekampagnen aus, sie gehen von sich als Konsumentin oder Nutzer aus und betreiben sogenanntes «reverse engineering». Mit einem Auskunftsbegehren findet man nicht nur das Ausmass von gesammelten Daten durch eine Plattform, sondern erfährt auch mehr über deren Mechanismen und Funktionsweisen. Genau mit diesen technischen Recherchen kann die Black Box hinter Technologie geknackt werden. Die Geschichten werden also aus extrahierten Datenmustern herausdestilliert. So fand The Markup heraus, dass Facebook eine spezifische Werbekategorie für «Pseudowissenschaft» aufführt, die Unternehmen adressieren können und deren Zielgruppe anfällig sind für «alternative Fakten», gerade in der Corona-Krise.

In Zeiten der Technologie-Monopole und einem enormen Machtzuwachs in Richtung globale Plattformen ist Transparenz wichtiger denn je. Wenn wir verstehen, wie Netzwerke und Apps unsere Meinungen prägen, unsere Spuren zu umfangreichen Profilen verknüpfen und weiterverkaufen, können wir als Konsumentinnen und Bürgern mündig wehren und mitbestimmen.

Und hier kommt die von Angwin immer wieder genannte «Accountability» zum Zug. Hinter Funktionen, Features und Updates stecken Entscheidungen und Handlungen von Akteuren. Angwin und ihr Team wollen diese

Entscheidungen sichtbar und die Entscheidungsträger «accountable» – also verantwortlich – machen. Immer mehr neue Technologie-Journalismus-Projekte haben sich deshalb auch diesem Ziel verschrieben, so auch «Protocol», dem neuen Tech-Fachmagazin von Politico.

Die englische Sprache ist dabei präziser. Es kommt nicht von ungefähr, dass man im Englischen kaum vom Begriff Digitalisierung spricht, sondern eher von «digital transformation» oder viel gebräuchlicher und ganz sec: von «Tech». Der Terminus Digitalisierung suggeriert meiner Meinung nach Subjektlosigkeit und eine Homogenität eines abstrakten Vorgangs, der in der Realität so nicht existiert. Jeder versteht etwas anderes darunter: von Automatisierung, maschinellem Lernen, regelbasierten Algorithmen bis hin zu Robotern. Im englischsprachigen ist jedoch kaum von «Digitization» die Rede. Der Begriff «Tech» bezieht sich konkret auf Technologieunternehmen und impliziert auch eine Handlungskompetenz und damit verbunden auch Rechenschaftspflichtigkeit.

Technologie-Konzerne fällen Entscheidungen und erarbeiten Geschäftsmodelle. Der Begriff Tech zeigt also, dass viele Endprodukte eine Frage von Alternativen sind. Das Unvermögen der deutschen Sprache bei gewissen Begriffen zeigt sich in der deutschen Übersetzung von Privacy: Datenschutz. Dabei wäre es zeitgemässer, von Privacy zu sprechen, denn was als privat erachtet und wie man öffentlich repräsentiert wird, ist Gegenstand aktueller Debatten. Datenschutz widerspiegelt diese Auseinandersetzung nur unzulänglich.

Ich versuche meiner journalistischen Ausrichtung, aller sprachlichen Unschärfen zum Trotz, einen deutschen begrifflichen Deckmantel zu verpassen: demokratie-relevanter Tech-Journalismus. Den Begriff habe ich wohl selber kreiert. Wer diese Wortkonstellation in unterschiedlichen Suchmaschinen eintippt in deutscher Sprache, landet mit hoher Wahrscheinlichkeit auf meinem Twitter-Profil und meinen Blog. Mit demokratie-relevantem Tech-Journalismus meine ich die kritische Beobachtung und Analyse von Technologien mit politischen und gesellschaftlichen Implikationen.

Die hier publizierten Republik-Beiträge sollen die Breite dieses Themengebiets aufzeigen: Bildung, Abstimmungshacking, Regulierungen, Handelskrieg, Gesichtserkennung, Wahlbeeinflussung, Google-Schulen, der digitale Pass etc. Ich habe aus dem Fundus von Texten diejenigen ausgewählt, die bis heute nicht an Aktualität und Relevanz verloren haben. Denn obwohl sie in der Vergangenheit erschienen sind, dominieren sie noch heute die politische Agenda oder beschäftigen noch manche Führungslenker von Datenkonzernen. Einige meiner Recherchen sind Konflikte, die bis heute noch andauern. Oder sie lösten Fragen aus, die bis heute unbeantwortet bleiben. Aus diesem Grund habe ich zu einigen älteren Texten aus den letzten Jahren ein Recherche-Update hinzugefügt, mit neu präsentierten Fakten und Kurzanalysen von mir. Die Buchreihe «Das Netz ist politisch» ist eine Chronik der Tech-Welt. Die Bände sollen die Schnittstelle von Digitalisierung und Gesellschaft fortlaufend dokumentieren und einordnen.

Mit dieser Buchreihe möchte ich zu einem aufgeklärteren Diskurs über den Einsatz von Technologien beitragen. Der Technologie-Journalismus im deutschsprachigen Raum steht trotz der enorm hohen Bedeutung und Tragweite für Staat und Gesellschaft immer noch am Anfang. Eine Diskussion über Qualitätsstandards oder etwa Ausbildungswege tut not und würde auch zu einer Professionalisierung dieser jungen journalistischen Disziplin beitragen.

Nur so werden Tech-Journalistinnen befähigt Unternehmenskommunikation von Technologie-Konzernen kritisch zu hinterfragen und einzuordnen. Nur so können Bürger informierte Entscheidungen fällen und Forderungen gegenüber Politik und FührungslenkerInnen der Konzerne fällen. Und nur so sind Politikerinnen imstande, demokratiefördernde und rechtsstaatlich konforme Gestaltungskriterien für Technologien zu formulieren, die an die Privatindustrie herangetragen und eingefordert werden.

Und nicht umgekehrt.

Ansonsten entscheidet der Markt für uns. Nicht immer mit gesellschaftlich erwünschten Folgen.

Adrienne Fichter, September 2020

Es brodelt in der Youtube-Hölle

Wo Michelle Obama ein Mann, eine College-Schiesserei nur inszeniert und Justin Trudeau ein Idiot ist: Die Google-Tochter Youtube ist zum Paradies für Verschwörungstheoretiker geworden. Nun reagiert der Konzern. Endlich.

Erschienen in der Republik, 31. Juli 2018

Diese Frage[1] hat Youtube-Chefin Susan Wojcicki geschmerzt: «Mutter, stimmt es, dass es biologische Gründe gibt, weshalb es weniger Frauen in Führungspositionen von Tech-Unternehmen gibt?»

Ihre Tochter hatte das Manifest von James Damore[2] gelesen. Der Google-Ingenieur versuchte darin, mit biologischen Argumenten zu erklären, weshalb Frauen weniger geeignet für Spitzenjobs seien als Männer.

Das Memo stiess im liberalen Silicon Valley auf viel Kritik. Google-Chef Sundar Pichai distanzierte sich, Wojcicki schrieb im Magazin «Forbes» eine vernichtende Kritik. Damore wurde im August 2017 geschasst, der progressive Frieden im Silicon Valley wiederhergestellt.

Doch Wojcicki blendete etwas Entscheidendes aus: welche Rolle ihre eigene Plattform Youtube – ein Tochterunternehmen von Google – bei der Bildung von Damores kruden Weltanschauungen spielte. Der damals 28-jährige Harvard-Absolvent verschlang nach eigenen Angaben[3] alle Videos von Jordan Peterson, einem umstrittenen kanadischen Psychologieprofessor, der berühmt ist für seine Anti-Transgender-Ansichten. So geriet Damore immer tiefer in den Sog von dessen pseudowissenschaftlichem Biologismus, Chauvinismus und Antifeminismus.

Klick-Müll bestrafen

Brandredner wie Jordan Peterson gibt es viele auf Youtube. Die Plattform wurde in den letzten Jahren immer populärer unter Konservativen und Rechtsextremen.

Der Grund dafür ist der Empfehlungsalgorithmus. Dieser präsentiert uns ein tägliches, individualisiertes Menü, und zwar aufgrund dessen, was wir früher gesucht haben, was uns jetzt interessieren könnte und was wir künftig wahrscheinlich suchen werden.

Dabei werden die Empfehlungen immer extremer[4]: Wer sich für Vegetarismus interessiert, erhält am nächsten Tag Veganismus-Empfehlungen. Wer sich Tipps für regelmässiges Jogging holt, bekommt später Marathonläufe angepriesen.

Die Konsequenz[5]: Wer nur Youtube konsumiert, glaubt nach einigen Wochen, Michelle Obama sei in Wirklichkeit ein Mann, die Erde flach, der Klimawandel inexistent und etliche Schulmassaker in den USA bloss «Inszenierungen».

Algorithmusoptimierung 2012

Das war nicht immer so. Das Geburtsdatum[6] für den heutigen Empfehlungsalgorithmus ist der 10. August 2012. Seit diesem Tag entscheidet im Besonderen die Verweildauer, ob ein Video in die Empfehlungsleiste befördert wird, und nicht mehr die Anzahl Aufrufe.

Damit soll Klick-Müll abgestraft werden, also Videos, die uns mit effekthascherischen Titeln und Vorschaubildern zwar zum Anschauen verleiten, die Erwartungen der Zuschauerin aber nicht erfüllen. Youtube wollte damit eigentlich auf Qualität setzen.

Der Schritt hat sich aus kommerzieller Sicht[7] ausbezahlt: Seit dieser Zäsur verbringt der durchschnittliche Zuschauer heute zehnmal so viele Stunden auf Youtube als zuvor. Der Konzern behauptet, das liege fast ausschliesslich[8] an den Empfehlungen auf der Seitenliste.

Extreme Videos machen süchtig

Aber offensichtlich haben die Youtube-Ingenieure einen zentralen sozialpsychologischen Befund unterschätzt: Menschen, denen immer extremere Meinungen und Behauptungen präsentiert[9] werden, verweilen länger auf den Seiten des Portals und schauen sich noch mehr Videos an. Wer den Youtube-Kosmos also einmal betreten hat, der bleibt. Und gerät dadurch in Parallelwelten wie der frühere Google-Mitarbeiter Damore.

Seit der Algorithmusänderung haben scharfe Kommentatoren und Laien ein leichtes Spiel, weil – wie übrigens auch auf Facebook – eine künstliche Intelligenz bei ihrer Selektion nach «Relevanz» nicht zwischen Verschwörungstheorie und faktenbasiertem Qualitätsjournalismus unterscheidet.

Gleichbehandlung aller Kanäle

Heute tummeln sich auf Youtube, der wichtigsten Informationsquelle für US-Teenager[10], die verschiedensten Akteure: Schönheitsbloggerinnen, Game-Spieler, Veranstalter von Wissenschaftsshows und auch etablierte Medien. Das Auswahlverfahren für die Empfehlungen ist höchst demokratisch. Jeder Kanal – unabhängig, ob er Schönheitstipps oder Dokumentarfilme zeigt – ist gleich viel wert, alle stehen im Wettbewerb zueinander.

Doch diese Gleichbehandlung hat zur Folge, dass man sich schon nach einigen Wochen in einer Parallelwelt jenseits des Faktischen wiederfindet.

Wenn man beispielsweise nach politischen Themen sucht, bekommt man von der Suchmaschine keinen ausgewogenen Medienspiegel vorgeschlagen, sondern die neuesten Videos von Alt-Right-Kommentatoren wie dem berühmten mittlerweile gesperrten Infowars-Kanal von Alex Jones. Oder Inhalte von Next News Network, einer auf den ersten Blick seriös aussehenden rechtspopulistischen Gerüchteschleuder.

Beide machen zuverlässig Stimmung für US-Präsident Donald Trump und diskreditieren liberale Entscheidungsträger wie zum Beispiel jüngst den kanadischen Premierminister Justin Trudeau.

Wenn Sie auf Youtube im Suchfenster «Justin Trudeau» eingeben[11], sehen Sie mit grosser Wahrscheinlichkeit als Erstes ein Video des rechten Verschwörungstheoretikers Paul Joseph Watson mit dem Titel «Justin Trudeau Is a Complete Idiot».

Watson kommentiert eine Szene, in der Trudeau eine junge Frau ermahnt, von «peoplekind» und nicht von «mankind» zu sprechen, mit einer Geste, als ob er sich eine Pistole in den Mund halten würde. Dann rechnet er ab mit Trudeaus Political Correctness und lässt sich aus über die Symbolik seiner bunten Socken.

«Ausreisser»-Phänomen

Was Trudeau genau zum Idioten qualifiziert, bleibt bis zum Ende unklar. Die Spekulation allein hat gereicht, dass man in die Clickbait-Falle getappt ist. Verweildauer: 6 Minuten, 34 Sekunden. Die Zuschauerin beförderte mit ihrer Neugier, dass das Video[12] in der Empfehlungsleiste in den obersten Plätzen rangiert.

Das Justin-Trudeau-Phänomen zeigt sich bei vielen anderen liberalen und linken Politikern. Nur wenige Entscheidungsträger haben auf Youtube eine loyale Community[13], wie das bei Musikstars der Fall ist. Ihnen fehlen die «Fan-Videos», die gerade negative, rufschädigende Beiträge der Alt-Right-Bewegung ausbalancieren.

«Gerade in Fällen von geringer Nachfrage kann eine aktive Gruppe die Ergebnisse überproportional beeinflussen. Youtube nimmt somit einen Zusammenhang an, der objektiv gar nicht existiert», sagt der Youtube-Experte und Medienwissenschaftler Bertram Gugel.

Anti-Hillary-Videomaterial dominierte

Die extreme Rechte hatte auch 2016 die Nase vorn. Youtube ist im Kontext der US-Wahlen die am meisten unterschätzte Plattform[14], sagt Internet-Soziologin Zeynep Tufekci[15]. Nach Angaben von Google wurden in den Swing States – also in den Staaten, die am Ende den Ausschlag für die Wahl von Trump gaben – stundenweise Trump-Videos verschlungen.[16] Egal, nach welchem Kandidaten man auf Youtube suchte, der Trend ging fast immer in dieselbe Richtung: gegen Hillary Clinton. Mit absurden und erfundenen Geschichten.

Der ehemalige Youtube-Ingenieur Guillaume Chaslot[17] kann das belegen. Er verliess das Unternehmen 2013. Angeblich, weil er die Konsequenzen der Algorithmusänderung von 2012 nicht länger verantworten konnte.

Chaslot wies mit seiner Anwendung «Algo Transparency»[18] nach, dass siebzig Prozent aller Videos im US-Präsidentschaftswahlkampf Clinton-feindlich[19] gewesen seien. Am 7. November 2016 figurierten Videos wie «Alert Shocking! Anonymous to Reveal Bill Clinton Pedo Video Hillary for Prison!» (über eine Million Aufrufe) weit oben in fast allen wahlrelevanten Suchanfragen.

Das «Radikalisierungs-Netflix»

Während die Weltöffentlichkeit in den letzten Jahren auf Facebook eindrosch, hat sich Youtube ungestört zu einer Art «Radikalisierungs-Netflix» entwickelt. Hier ist die Fake-News-Problematik ausgeprägter als anderswo. Dennoch fehlte bislang der grosse Aufschrei rund um das Videonetzwerk von Google.

Das liegt unter anderem am Erwartungsmanagement der Plattformen. Auf Facebook präsentieren Algorithmen ein Kunterbunt an Filmchen, Memes, Status-Befindlichkeiten oder Boulevard-Artikeln. Das Überraschungselement ist gross, die Empörung über verstörende Propagandainhalte ebenso. Man fühlt sich fremdgesteuert.

Youtube suchen wir hingegen gezielt auf. Hier navigieren wir uns mit Klicks und Suchstichworten durch den Kosmos und schreiben uns eine grössere Eigenverantwortung an den Resultaten zu. Dabei ist unsere Autonomie aufgrund des ausgeklügelten Algorithmus genauso beschränkt.

Kosmetische Verbesserungen

Es ist nicht so, dass dem dreizehnjährigen Konzern diese negativen Entwicklungen unbekannt wären. Das Netzwerk reagierte bei jeder negativen Schlagzeile. Doch oft nur zögerlich und mit minimalen Verbesserungen. Ein Beispiel: 2017 listete die Londoner «Times»[20] in einem brisanten Bericht Werbespots auf, die im Vorfeld islamistischer Propagandavideos automatisch ausgespielt wurden.

Die Opfer – darunter der britische Rundfunk BBC und die Bank JP Morgan Chase – stoppten sofort ihre Werbegelder. Daraufhin kündigte Youtube-Chefin Susan Wojcicki, die das Unternehmen seit 2014 führt, Massnahmen[21] an: Kanäle, die weniger als tausend Abonnentinnen und wenig Verweildauer aufweisen, sollten gekappt werden. Damit sollten die problematischen Hetzerkanäle wegen fehlender kommerzieller Anreize von allein verschwinden.

Der Schritt verfehlte sein Ziel: Verschwörungstheoretiker wie Paul Joseph Watson haben ein Millionenpublikum. Nach der Logik von Wojcickis Massnahme bietet Watson Videos von «hoher Qualität».

Es wird wieder am Algorithmus geschraubt

Es brauchte Damores Google-Manifest und die verstörende Frage ihrer Tochter, die Youtube-Chefin Wojcicki zum Umdenken bewegte. Vor einigen Wochen präsentierte sie endlich einen Erfolg versprechenden Lösungsansatz: Sie lässt an den Komponenten ihres Erfolgsmodells[22], dem Empfehlungsalgorithmus, schrauben.

Neu ist nicht mehr nur die Verweildauer der wichtigste Parameter. Auch der Absender wird relevant. Seriöse Video-Anbieter wie Vox, SRF oder CNN sollen immer bevorzugt werden.

Bevorzugung nützt jedoch wenig, wenn kein Filmmaterial vorhanden ist. Die traditionellen Medien sind zu träge. Auch wenn Youtube die attraktivsten Produktionsbedingungen[23] bietet: Die meisten Medienhäuser priorisieren im Netz immer noch Textformate, weil die Videoproduktion zu aufwendig ist.

Rechte Vlogger sind dynamischer

Ihr Publikationsrhythmus ist länger als derjenige der Videoblogger (Vlogger). Um beim Beispiel Justin Trudeau zu bleiben: Einer der letzten Beiträge[24] von «Guardian» und CNN stammt vom 10. Juni, als der kanadische Premier am G7-Gipfel öffentlich Kritik an Donald Trumps Handelsrestriktionen führte.

Danach sorgte er kaum noch für Schlagzeilen. Dies bevorteilte wiederum die Youtube-Stars Ben Shapiro und Paul Joseph Watson. Die beiden konservativen Youtube-Berühmtheiten sind agiler, hauen im Wochentakt Filme raus und leben sogar davon.

Um den Medien Bewegtbildinhalte schmackhafter zu machen, gibt es eine einfache Lösung: mehr Geld. Es muss sich lohnen, Filmchen zu produzieren. Youtube hat das nun begriffen. Und Mitte Juli beschlossen, 25 Millionen Dollar[25] in den Aufbau von Video-Know-how in Medienhäusern zu investieren.

Gut für die Bürgerin

CEO Susan Wojcicki möchte aus Youtube eine seriöse Nachrichten-Bibliothek[26] formen. Auch andere Plattformen wie Facebook bekämpfen virale Fake-News-Videos, indem sie traditionelle Medien mit finanziellen Anreizen locken. Ironischerweise kopieren die sozialen Netzwerke damit immer mehr das totgeschriebene lineare Fernsehen.

Das Buhlen um etablierte Medien kommt immerhin uns Bürgerinnen zugute und damit der Demokratie. Vorausgesetzt, wir schauen uns die Nachrichtenvideos tatsächlich bis zum Schluss an. Und bleiben nicht beim pseudowissenschaftlichen Erklärungsversuch eines Professors hängen, weshalb Frauen ungeeignet für Management-Positionen sein sollten.

Recherche-Update vom September 2020

Das Radikalisierungsproblem wurde mit Wojcickis Initiative noch nicht aus der Welt geschafft, jedoch in grossem Umfang reduziert. In der Zwischenzeit bestätigte eine Reihe weiterer publizierter Berichte das Extremismusproblem der populärsten Videoplattform: Im August 2019 – also im darauffolgenden Jahr – publizierte das FBI einen Report[27], der die Zunahme der Verschwörungstheorien und damit verbundenen Gefahren für die Meinungsbildung in Demokratien bestätigte. Guillaume Chaslot und seine Gruppe der University of California und der Mozilla Foundation stellen in einer neuen Studie[28] einen regelrechten Boom von Verschwörungsinhalten im Jahr 2018 fest. Weitere wissenschaftliche Evidenz lieferte ein Paper der brasilianischen Universität UFMG und der Lausanner EPFL, das im Herbst 2019 erschien. Im Beitrag «Auditing Radicalization Pathways on YouTube»[29] versuchten die Forscherinnen und Forscher sogenannte Radikalisierungspfade auf Youtube nachzuzeichnen. Ihr Fazit:

Wer konservativere oder patriotische Gesinnung hat, bekommt nach einer gewissen Zeit nur noch extremere Alt-Right-Videos vorgeschlagen. Die Forscher haben dies unter anderem anhand des Kommentarverhaltens von Youtube-Nutzerinnen nachzeichnen können. Mit dem im August 2020 lancierten neuen Projekt von Tomo Kihara «Their.Tube»[30] kann man die einzelnen Personalisierungs- und Radikalisierungspfade nachverfolgen. Das Projekt kreierte dafür 6 verschiedene «Persona» etwa den Verschwörungstheoretiker, die Konservative, den Linken, die Klimaleugnerin etc. Je nach angewähltem Profil sieht man unterschiedliche Startseiten auf Youtube. Their.Tube ist Open Spurce und ein Teil der Mozilla Creative Media Awards 2020[31], einem Kunst und Advocacy Projekt für die Untersuchung von KI und ihrem Effekt auf Medien und die Wahrheit.

Zwar bestritt Chief Product Officer von Youtube, Neal Mohan, dass die Betrachtungszeit ein Treiber für die Empfehlungsalgorithmen darstelle.[32] Doch bis heute verweigert der Konzern Transparenz darüber, wie genau die Empfehlungen ablaufen. Welche weiteren Variablen genau wie die Resultate beeinflussen, bleibt also eine Black Box. Youtube-CEO Susan Wojcicki kündigte zu Beginn 2019[33] an, neben der Einführung von informativen Wikipedia-Links neu auch Falschaussagen, die die Nutzer auf «schädliche Art und Weise» falsch informieren, herunterzustufen. Als Beispiel nannte sie die Flat Earth Bewegung. Gemäss eigenen Angaben konnte Youtube damit um 70 Prozent von extremistischen Inhalten reduzieren.[34] Diese nahmen 2019 im ersten halben Jahr effektiv durch die Interventionen ab.

Eine der grössten Kritiker, Guillaume Chaslot, behauptete, dass YouTube bewusst entschieden habe, manche «Falschinformationen» nicht herunterzustufen.[35] Diese These wurde auch von einem Insider-Bericht von Bloomberg von April 2019[36] gestützt, wonach Youtube-CEO Susan Wojcicki mehrfach von Moderatoren und Ingenieurinnen auf die Desinformationsproblematik hingewiesen wurde. Doch sie unterliess es lange Zeit, etwas dagegen zu unternehmen.

Immerhin scheint Youtube einen besseren Job bei der Corona-Krise gegen Desinformation zu leisten. Offizielle Informationen des Bundesamts für Gesundheit werden prominent angezeigt, sobald man sich über Corona-Virus informieren will. Die überwiegende Mehrheit der Videos hat keinerlei Bezug zu Verschwörungstheorien oder liefert keine Fundamentalkritik an den Corona-Massnahmen, bilanziert Spiegel Online[37] bei einer eigenen Auswertung zu den Suchbegriffen rund um das Corona-Virus. Nachrichtensendungen, Erklärformate und Reportagen von etablierten Medien werden in den ersten Suchrängen angezeigt.

Dennoch gibt es zahlreiche Reizthemen und auch Personen, bei denen verschwörungstheoretische Inhalte immer noch unter den Top 5 figurierten: So erschien am 24. Mai 2020 unter der Sucheingabe «Bill Gates» bei vielen deutschsprachigen Nutzerinnen und Nutzern unter den ersten Rängen ein Video des berühmten Verschwörungstheoretikers Ken Jebsen unter seinem Kanal «KenFM». Unabhängig vom Status (eingeloggt/nicht eingeloggt) und der personalisierten Vorgeschichte, vorwiegend auf Windows und Android-Geräten.

Der Grund für diese prominente Platzierung mag in der Aktualität liegen. Das Video wurde erst am 23. Mai hinaufgeladen und errang in kurzer Zeit mehrere hunderttausende Views, was auf die prominente Platzierung einzahlte. Dies legt die Vermutung nahe, dass Moderatoren und Ingenieurinnen das entsprechende Video einfach noch nicht algorithmisch «abgestraft» haben. Zwei Tage später ist das Video praktisch von der Suchleiste verschwunden. Obwohl es an diesem Tag fast eine halbe Million Aufrufe verzeichnete. Das Downgrading des Jebsen-Videos fand also statt, wenn auch um Tage verzögert. Youtube hinkt damit der Agilität der Verschwörungstheoretiker stets hinterher.

Diese profitieren von den Newsbedürfnissen von Internetkonsumenten. Bei einem Anschlag produzieren Amateure oder gerade extremistische Bewegungen Videos, in der sie das Geschehen gemäss ihrer Weltanschauung «einordnen», oft lange Zeit bevor Fakten über den Vorfall gesichert und verifiziert worden sind. Die Mainstream-Medien befinden sich in diesem Augenblick aber erst im Recherchestadium. Da sie Fakten zuerst seriös recherchieren möchten, verstreichen Stunden bis ein erster publizierbarer Beitrag entsteht.

Dieses Informationsvakuum zu einem Suchbegriff wird gefüllt: von sogenannten Alt Right-Youtubern wie Paul Watson, alternativen Medien und weiteren extremeren Bewegungen. Da helfen auch die im Text versprochenen Finanzspritzen von Youtube zugunsten der etablierten Medienmarken selbst wenig.

Dieses Phänomen nennen die beiden Forscher von Microsoft und Bing danah boyd und Michael Golebiewski übrigens «Data Voids». Gemeint ist die Informationslücke beziehungsweise das fehlende Informationsangebot von seriös recherchierenden Medien bei gewissen aufflackernden Themen. Die Alternativmedien preschen vor und füllen diese Lücke – gerade bei kritischen Zeitfenstern wie Terroranschlägen, politischen Grossereignissen etc. – auf Suchmaschinen und Plattformen mit schnell produzierten, tendenziösen und hetzerischen Videos. Viele Views und Klicks perpetuieren dann die prominenten Ränge. Die Lösung dieses Problems wird die Plattformen und Suchmaschinen, die die Meinungsfreiheit nicht einschränken möchten, aber auch nicht zur Desinformationsschleuder verkommen wollen, sicherlich noch jahrelang beschäftigen.

Quellen

1   <https://www.theguardian.com/technology/2017/aug/13/james-damore-google-memo-youtube-white-men-radicalization>

2   <https://gizmodo.com/exclusive-heres-the-full-10-page-anti-diversity-screed-1797564320>

3   <https://www.theguardian.com/technology/2017/aug/13/james-damore-google-memo-youtube-white-men-radicalization>

4   <https://www.theatlantic.com/politics/archive/2018/03/youtube-extremism-and-the-long-tail/555350/>

5   <https://medium.com/@guillaumechaslot/how-youtubes-a-i-boosts-alternative-facts-3cc276f47cf7>

6   <https://youtube-creators.googleblog.com/2012/08/youtube-now-why-we-focus-on-watch-time.html>

7   <https://www.wsj.com/articles/how-youtube-drives-viewers-to-the-internets-darkest-corners-1518020478>

8   <https://www.nbcnews.com/tech/social-media/algorithms-take-over-youtube-s-recommendations-highlight-human-problem-n867596>

9   <https://www.nytimes.com/2018/03/10/opinion/sunday/youtube-politics-radical.html>

10 <https://www.pewinternet.org/2018/05/31/teens-social-media-technology-2018/>

11 <https://www.youtube.com/results?search_query=justin+trudeau>

12 <https://www.youtube.com/watch?v=XSe3vQCRXvI>

13 <https://www.youtube.com/watch?v=RjOakA2G_Kc&feature=youtu.be&t=23m24s>

14 <https://www.nytimes.com/2018/03/10/opinion/sunday/youtube-politics-radical.html>

15 <https://www.republik.ch/2018/03/27/menschen-wuerden-ihre-daten-verkaufen-wenn-sie-koennten>

16 <https://medium.com/google-news-lab/building-a-youtube-county-map-976bd2b1ec01>

17 <https://www.theguardian.com/technology/2018/feb/02/youtube-algorithm-election-clinton-trump-guillaume-chaslot>

18 <https://algotransparency.org/?candidat=is%20the%20earth%20flat%20or%20round?&file=ytrecos-science-2018-07-05&date=04-09-2019&keyword=>

19 <https://medium.com/the-graph/youtubes-ai-is-neutral-towards-clicks-but-is-biased-towards-people-and-ideas-3a2f643dea9a>

20 <https://www.thetimes.co.uk/article/global-brands-shun-google-p9zlr7bq7>

21 <https://www.heise.de/newsticker/meldung/Strengere-Regeln-fuer-YouTube-Kanaele-die-Geld-verdienen-wollen-3944497.html>

22 <https://youtube.googleblog.com/2018/07/building-better-news-experience-on.html>

23 <https://digiday.com/media/the-atlantic-focus-youtube/>

24 <https://www.youtube.com/watch?v=kWrGLKO2fOA>

25 <https://youtube.googleblog.com/2018/07/building-better-news-experience-on.html>

26 <https://www.hollywoodreporter.com/news/sxsw-youtube-ceo-enlists-wikipedia-curb-fake-news-videos-1094314>

27 <https://mashable.com/article/fbi-conspiracy-theories-domestic-terror-social-media/>

28 <https://arxiv.org/abs/2003.03318>

29 <https://arxiv.org/abs/1908.08313>

30 <http://www.their.tube/leftist>

31 <https://foundation.mozilla.org/en/blog/examining-ais-effect-on-media-and-truth/>

32 <https://www.nytimes.com/2019/03/29/technology/youtube-online-extremism.html>

33 <https://youtube.googleblog.com/2019/01/continuing-our-work-to-improve.html>

34 <https://blog.youtube/inside-youtube/the-four-rs-of-responsibility-raise-and-reduce>

35 <https://www.getrevue.co/profile/caseynewton/issues/an-ex-youtube-engineer-has-a-warning-for-democracy-95073>

36 <https://www.bloomberg.com/news/features/2019-04-02/youtube-executives-ignored-warnings-letting-toxic-videos-run-rampant>

37 <https://www.spiegel.de/netzwelt/web/corona-verschwoerungstheorien-und-die-akteure-dahinter-bill-gates-impfzwang-und-co-a-2e9a0e78-4375-4dbd-815f-54571750d32d>

Warum Island keine eigene Verfassung hat. Eine nordische Saga

Nach der Finanzkrise wagten die Isländer eine weltweite Premiere: Sie schrieben ihre Verfassung neu – im Internet. Das Projekt scheiterte. Weil das alte Establishment zurückschlug.

Erschienen als optische Version mit Fotografien[1] in der Republik, 05. September 2018

Einzigartiges Inselvolk: Nach der Finanzkrise starteten die Isländer ein nie gesehenes Crowdsourcing-Experiment in Sachen Demokratie.Wenn die Isländerinnen die Geschichte ihrer gescheiterten Demokratie-Revolution erzählen, reden sie gern in Bildern. Sie erzählen von mäandrierenden Öltankern oder brennenden Schlössern. Von Helden und Bösewichten.

Die Guten, die Bösen, das sind dann gern Figuren aus berühmten Isländersagas. Wie beispielsweise Grettir Ásmundarsonar[2], einer der stärksten isländischen Wikinger. Nach seinem Sieg über Glámur, den bösen Untoten, wird er verflucht und am Schluss von seinen eigenen Anhängern verbannt.

In unserer Demokratie-Saga wirken Grettir und Glámur ebenfalls mit.

Der tragische Held Grettir: die Sozialdemokratische «Allianz».

Der nicht totzukriegende Glámur: die konservative Unabhängigkeitspartei.

Unsere Geschichte spielt in den Jahren 2009 bis 2013 – und das letzte Kapitel ist noch nicht geschrieben.

Wieder eine bankrotte Vulkaninsel

Die Isländer akzeptieren nur *eine* Form von höherer Macht: die Natur. Die Erde lebt hier jede Minute. Auslaufende Gletscher, die den Strassenverkehr aufhalten. Eruptierende Vulkane, die den Flugverkehr stilllegen.

Deswegen planen die Einwohnerinnen Islands nur ungern weit im Voraus. Sie haben sich mit ihrer Insel arrangiert. Die Route ist schon wieder überschwemmt? Ein Gletscherstrom, wo vorher Strasse war? Der morgige Ausflug fällt ins Wasser? Trinkt man halt noch ein Bier im Pub.

Es gibt nur eine Katastrophenart, die die Isländer wirklich aus der Fassung bringt – die menschengemachte. Eine wie im Herbst 2008: Über Nacht gehen drei isländische Banken pleite. Die Börse bricht um 90 Prozent[3] ein. Noch im August 2008 war Island eines der reichsten Länder der Welt, mit den meisten Auslandsinvestitionen und einem grosszügigen Wohlfahrtsstaat. Am 1. Oktober 2008 ist es nur noch eine bankrotte Vulkaninsel. Wie zu Beginn der 1960er-Jahre, nur mit noch mehr Schulden. Kein anderes Land wird so hart getroffen von der Finanzkrise.

Den Dänemark-Klon loswerden

Die Unabhängigkeitspartei dominierte jahrzehntelang die Politik. Ihr Credo: «Wachstum, Wachstum, Reichtum». Unterstützt von den Banken, die billige Kredite streuen wie Geysire.

Doch nach der Bankenpleite sackt die isländische Krone ins Bodenlose. Und die Schulden in Fremdwährungen schnellen in die Höhe. Für das Einfamilienhaus wird plötzlich die Hypothek im Wert eines Palastes fällig.

Der Zorn der Isländerinnen ist gross.

Ein Bösewicht, ein Glámur, muss her. Und ein Held, der ihn erschlägt.

Der isländische Premierminister Geir Haarde dankt ab, Island wählt. Es ist eine turbulente Zeit, in der Tomaten geworfen, auf Kochtöpfen getrommelt und auf Transparenten Guillotinen für Banker gefordert werden. Jeden Monat versammelt sich halb Island vor dem Rathaus in Reykjavik. Und das in den düsteren Wintermonaten. Die «Kitchenware»[4] ist klar: Ein weiterer Crash lässt sich nur verhindern, wenn man das Problem an der Wurzel packt. Indem man die Macht der Banken bricht. Und zwar mit einer neuen Verfassung.

Denn nicht nur fehlt der jetzigen Verfassung ein angemessenes System von «Checks and Balances». Sie ist im Grunde auch nur geliehen.

Es handelt sich um eine Kopie der dänischen Verfassung. Eine Notlösung. Denn während die Kontinentaleuropäer einander im Zweiten Weltkrieg niedermetzelten, nutzte Island die Gelegenheit, sich endgültig von Dänemark loszueisen. Am 17. Juni 1944 wurde die Republik ausgerufen. Die Vulkaninsel mit den damals knapp 140'000 Einwohnerinnen[5] war endlich unabhängig. Doch für einen echten, langwierigen Verfassungsprozess blieb keine Zeit.

Das Baby der neuen Regierung

Obwohl im «Dänemark-Klon» nicht explizit erwähnt, herrscht über allen Grundrechten noch der Geist eines dänischen Königs. Darum soll das Land nun, im Nachgang der Finanzkrise, endlich auch eine eigene Verfassung erhalten. Geschrieben von allen Bürgerinnen und Bürgern des Landes, von Isländerinnen für Isländer. «Wir waren überzeugt: Mit isländischen Werten werde diese Gier getilgt», sagt Robert Bjarnason, Mitgründer der heutigen Citizens Foundation und erfolgreicher Politikunternehmer.

«Wir wollten unsere Würde zurückhaben», sagt Smári McCarthy, ein isländischer Abgeordneter der Piratenpartei. McCarthy ist ein konsequenter Mann. Will man mit ihm über damals sprechen, über den Zusammenbruch und die Zeit, als plötzlich alles möglich schien, dann wählt er den Treffpunkt sehr bewusst. Die «Te & Kaffi»-Filiale am Laugavegur. Das sei die «isländische Antwort auf den Raubtierkapitalismus von Starbucks». Die amerikanische Kaffeekette hat es bis heute nicht geschafft, Fuss zu fassen auf der widerborstigen Vulkaninsel.

Live-Chats zur Verfassung

Das Verfassungsprojekt startet erfolgreich. Zuerst sind sich alle Parteien über das Verfahren[6] einig: Am 6. November 2010 sollen 950 zufällig ausgewählte Bürgerinnen eine Einladung aus Reykjavik erhalten. Ihr Auftrag: Ideen und Eckpunkte zu sammeln. Das Resultat mündet in einen 700-seitigen Bericht. Nun soll ein Kondensat dieses Crowdsourcings her.

Wieder sollen Bürger und nicht Politikerinnen anpacken. In der zweiten Runde sind es aber deutlich weniger. 25 Bürger kommen im Verfassungsrat, dem Stjórnlagaráð[7], zusammen. Hunderte kandidieren für den Rat. «Es war absolut ‹in›, sich für den Verfassungsrat zu bewerben», erinnert sich Smári McCarthy. Und jede kannte jeden Kandidaten über drei bis vier Ecken.

Mit schrägen Kampagnen erklären die Kandidatinnen, weshalb ausgerechnet sie für dieses staatspolitische Amt am besten geeignet seien.

Kaum gewählt, wagt der Rat bereits das nächste netzpolitische Experiment. Er überträgt seine Sitzungen live auf Youtube. Jeder Baustein des Entwurfs[8] kann kommentiert werden, wiederum natürlich im Internet. Stolz erklärt[9] das Stjórnlagaráð-Ratsmitglied Thorvaldur Gylfason: «Die ganze Öffentlichkeit kann live zuschauen, wie die neue Verfassung entsteht.»

Ein derartiges Crowdsourcing-Experiment in Sachen Demokratie hat die Welt zuvor noch nie gesehen. Medien wie der «Guardian»[10], die «New York Times»[11] und die «Süddeutsche»[12] berichten über die digitalen Wikinger.

Im Oktober 2012 ist es dann so weit. Das Volk entscheidet, per Referendum, über den Vorschlag des Verfassungsrats. Über 70 Prozent nehmen den Entwurf an. Der Urnengang hat zwar nur Umfragecharakter (mehr lässt nämlich der alte Dänemark-Klon gar nicht zu), aber bietet Stoff für Streit. Denn beim Referendum steht nicht nur der Entwurf des Verfassungsrats zur Debatte, sondern eine ganze Reihe weiterer Fragen[13]. Heikle Fragen. Machtfragen.

Sprengsatz für die Fischerei-Lobby

Plötzlich droht der Prozess zu entgleisen. Nicht wegen der potenziellen Entmachtung der Legislative, etwa die Referendumsfrage, an der sich die Parteien und Politikerinnen aufreiben. Nicht wegen der Venedig-Kommission des Europarats, die kurz vor den nächsten Parlamentswahlen den Verfassungsentwurf kritisiert, weil er «mangelnde inhaltliche Kohärenz» aufweise. Nicht wegen der Verfassungsrechtler[14], die die mangelnde juristische Fachkenntnis der gewählten Bürgerinnen kritisierten.

Der Prozess kommt ins Schleudern, als die Wirtschaftslobby aufzubegehren beginnt. Und sie tut das wegen dieser Referendumsfrage:

«Sollen die natürlichen Ressourcen den Bürgerinnen und Bürgern Islands gehören?»

Jedem Isländer ist klar, was damit gemeint ist: Der Fischerei-Markt soll liberalisiert und demokratisiert werden. Die Fischerei macht 25 Prozent des Bruttosozialprodukts Islands aus. Ihre Lobby hat in enger Verbandelung mit der konservativen Unabhängigkeitspartei über Jahrzehnte ihre Pfründen abgesichert.

Mit einem Inkrafttreten des neuen Regelwerks wären diese Privilegien verloren. Denn die neue Verfassung sieht auch eine angemessene Besteuerung der Fischerei-Unternehmen vor.

Die monatelange Obstruktionspolitik der Konservativen beginnt. Die Unabhängigkeitspartei beginnt, den Verfassungsprozess zu sabotieren.

Der Held hat den Untoten Glámur nicht vollends besiegt. Der ist wieder zurück und lässt seine Muskeln spielen.

Zermürbungstaktiken brechen den Willen

Smári McCarthy spricht von «Filibustering». Er meint damit das Hinhalten, Schlechtreden und Stimmungmachen gegen die «linke» Verfassung durch die Unabhängigkeitspartei. Meist agiert sie hinter vorgehaltener Hand. Es gibt nur wenige sichtbare Exponentinnen der Opposition gegen die Verfassung.

Nur vereinzelte konservative Politiker wie Birgir Ármannsson treten in der Öffentlichkeit dagegen auf. Er nennt die Abstimmung eine «teure Meinungsumfrage».[15]

Der Untote Glámur ist geschickt. Er intrigierte in verschiedenen Gewändern und Gestalten gegen den Helden.

Zwar haben die Konservativen die Exekutive eingebüsst. Aber anderswo sind sie noch an der Macht. Sie stellten die meisten Richterinnen am Obersten Gericht. Und dieses verneint schliesslich die Legitimität des ganzen Verfassungsreferendums, teilweise aufgrund absurder Argumente.

So sagen die Richter etwa, dass der Abstimmungszettel nicht richtig gefaltet gewesen und damit das Stimmgeheimnis nicht gewahrt gewesen sei. Die Demokratie-Aktivistinnen rund um den Piraten McCarthy haben Dutzende von Erklärungen und auch Verschwörungstheorien parat, weshalb das Gericht das Referendum als ungültig erklärte.

Dann folgt die Nacht, die bis heute bei Journalisten, Politologinnen und Politikern Rätsel aufwirft. Am Gründonnerstag[16], dem 28. März 2013, erhält das Verfassungsprojekt den Todesstoss. Einen Monat vor den Parlamentswahlen.

Sabotage des Verfassungsprozesses

Es ist 2 Uhr nachts, an diesem schicksalhaften 28. März. Ein Sitzungszimmer im Althing, dem isländischen Parlament, am Kirkjutorg in Reykjavik. Traktandum: Ratifizierung der Verfassung. Stundenlang haben Sozialdemokratinnen, Konservative, Grüne, Progressive und Unabhängige über das Schicksal des mehrjährige Bürgerwerks verhandelt. Und befinden sich in einer Pattsituation. Das Resultat: Der Verfassungsentwurf wird weder angenommen noch abgelehnt.

Stattdessen haben 25 gegen 23 Stimmen entschieden, den gesamten Verfassungsprozess komplett umzukrempeln. 36 Abgeordnete haben sich der Stimme enthalten. Oder sind einfach nach Hause gegangen.

Der Verfassungsvorschlag muss neuerdings eine Zweidrittelmehrheit des Parlaments erringen – vor und nach den Wahlen. Ausserdem soll in einem neuen Referendum abgestimmt werden. Mit einem hohen Quorum. Mindestens 40 Prozent aller Isländer müssten ein Ja einlegen.

Mit diesen neuen Hürden ist der Entwurf de facto tot. Gestandene Sozialdemokratinnen wie Valgerður Bjarnadóttir äussern sich später entsetzt[17] über das Einknicken ihrer eigenen Regierung. Und die bekannte Piratin Birgitta Jónsdóttir zeigt in einem langen Blogartikel offen ihre Wut über die Mutlosigkeit des Parlamentes.

Weshalb die Premierministerin Jóhanna Sigurðardóttir ihr eigenes Projekt torpedieren liess, ist für die unterstützenden Piraten bis heute nicht nachvollziehbar. Ihre Vermutung: Sigurðardóttir hatte von der Zermürbungstaktik der Bürgerlichen die Schnauze voll. Ihre Kräfte waren aufgebraucht, sie kümmerte sich nur noch um die Aufräumarbeiten. Einen Monat nach der Sitzungsnacht standen die nächsten Wahlen an. Und Sigurðardóttir wusste bereits, dass sie verlieren würde.

Glámur ist zurück

Und so kommt es denn auch. Die sozialdemokratische Regierung wird wegen ihrer Sparpolitik abgestraft. Obwohl sie mit ihren Massnahmen die Arbeitslosigkeit auf unter 4 Prozent senkte[18], den Staatshaushalt sanierte und dem Land eine neue Verfassung schenken wollte.

Der Held ist verbannt, der böse Glámur ist wieder da.

Die Deregulierer sind zurück. Die Konservativen übernehmen 2013 wieder das Steuer. Und bilden die alte Koalition mit ihrer alten Partnerin, der Progressiven Partei. Der neue Premierminister Sigmundur Davíð Gunnlaugsson tritt sein Amt im Frühling an.

Die konservativen Fischbarone haben gesiegt. Und damit auch das alte Establishment. Die Arbeit von Hunderten von Bürgerinnen ist über Nacht in den Sand gesetzt worden. Ränkespiele in Hinterzimmern haben den Geist der jungen Reformbewegung getötet.

Taktieren, lobbyieren, aufschieben – alte Traditionen haben im Althing gewonnen. Die neue Verfassung ist damit auf der politischen Agenda noch weiter nach unten gerutscht. Die Netzdemokratie: tot.

Stillstand

All das ist nun fünf Jahre her. Auf dem Papier existiert das Projekt Verfassung immer noch. «Es steckt seit Jahren in einem Pseudo-Komitee fest und kommt nicht vom Fleck», lacht der Parlamentarier McCarthy traurig.

Für die liberal-linke Bürgerbewegung ist das Experiment vorerst gescheitert. Es herrscht Stillstand. Die Medien sind verstummt. Niemand redet gern über das Versagen hochgehypter Internet-Märchen.

McCarthys politisches Engagement dreht sich heute um andere Dinge. Wie beispielsweise seine Kommissionsarbeit in der Europäischen Freihandelsassoziation EFTA, über die er lieber redet. Doch der 34-jährige

Pirat denkt noch bis heute jeden Tag zurück. Immer wieder spült der Facebook-Algorithmus einen Beitrag in seinen Newsfeed, der ihn an das Experiment erinnert. In dem sich eine Facebook-Freundin wehmütig nach der Aufbruchstimmung zurücksehnt.

Der Held Grettir ist tot, Glámur hat gesiegt. An dieser Stelle könnte die Saga zu Ende sein.

Doch man kann die Geschichte auch ganz anders erzählen.

Aus der Blase für die Blase

Nämlich so: Die Demokratie-Aktivisten wie Smári McCarthy lebten in einer Filterblase. Sie haben nicht bemerkt, dass sie eigentlich eine Minderheit bilden. Dass die Mehrheit der Isländerinnen nach dem Crash erschöpft war. Dass Existenzängste schwerer wogen als Verfassungspatriotismus. Dass Schulden abzahlen eine grössere Priorität für sie hatte als abstrakte Debatten über die Bodenreserven Islands. Dass eine Verfassungsänderung eine akademische Luxusbeschäftigung war, die vor allem von den Medien angefacht wurde.

Und sie fokussierten auf die falsche Zahl. Es stimmt, über 70 Prozent sagten im Referendum Ja zur Verfassung. Aber die Stimmbeteiligung lag bloss bei 49 Prozent.[19] Und damit ist keine Verfassung zu machen.

Über die Hälfte der Bürger Islands interessierte sich nicht für das Referendum. Oder sie wollten sich mit konkreten Fragen verfassen. Fragen wie dem wuchtig verworfenen Icesave-Referendum[20] 2010, das die Bevölkerung in Scharen an die Urne trieb, weil da die Bedingungen für die Rückzahlung der Darlehen an England und die Niederlande verhandelt wurden.

Oder sie waren, so die Meinung vieler isländischer Journalistinnen und Verfassungsexperten, verwirrt über die willkürlichen Referendumsfragen. Oder sie fanden den Dänemark-Klon eben doch nicht so schlecht.

Was die Linken und Piratinnen jedoch am meisten unterschätzten, ist die treue Stammwählerschaft der Konservativen. Zwar ist die Ära der 45-Prozent-Mehrheiten vorbei. Doch insbesondere die Senioren halten der Unabhängigkeitspartei die Treue. Und sie verpassen keine Wahl. An der Urne werden die historischen Verdienste der Konservativen regelmässig gewürdigt: die Erlangung der Unabhängigkeit und der Aufbau der wohlhabenden Nation Islands.

In dieser Geschichte gibt es keinen bösen Glámur. Nur einen Helden, der mit seinem Langboot einsam auf dem Polarmeer umherirrt.

Konservative sind altehrwürdige Staatsmänner

Ruhiger wurde es nach dem Abbruch des Experiments nicht. Das Land erlebte zwei Mal weitere vorgezogene Neuwahlen. Und wurde von weiteren politischen Erdbeben erschüttert. Island war eines der wenigen Länder, wo die Panama Papers unmittelbare Konsequenzen[21] hatten.

Sie führten 2016 direkt zur Absetzung des isländischen Premierministers Gunnlaugsson. Ein Jahr später kam es erneut zu Neuwahlen. Weil der neue Regierungschef Bjarni Benediktsson wiederum zurücktreten musste. (Er wurde ironischerweise «Opfer» eines archaischen Gesetzes[22], das man ebenfalls längst loswerden wollte: das Reinwaschen von Straftätern mit der Verbürgung durch eine Unterschrift.)

Altes Land, junge Nation

Die isländische Politik ist nun noch unübersichtlicher geworden. Im Althing sitzen nicht mehr wie früher sechs, sondern neun Parteien. Regierungsbildungen sind fast unmöglich. Die Piratinnen, die in dem Chaos nach der Finanzkrise den etablierten Parteien Wähler abgejagt hatten, verschwanden wieder in der Versenkung. Heute haben sie nur noch sechs Abgeordnete.

Die Demokratie-Aktivistinnen sind müde geworden. Doch sie bleiben optimistisch. Island ist ein altes Land, aber eine junge Nation, sagen sie. Und diese Nation wird zu ihren Ursprüngen zurückfinden.

Denn eigentlich ist Island auch eine der ältesten Demokratien der Welt.[23] Bereits im Jahr 930 haben damals noch freie Siedler und Bauern sich im südwestlichen Þingvellir getroffen und sich gemeinsame Gesetze gegeben.

Auch der gut gelaunte Politikunternehmer Bjarnason, dessen Partizipationssoftware «Better Reykjavik»[24] von über 70'000 Einwohnern der Hauptstadt monatlich für alle möglichen Stadtbelange genutzt wird, ist zuversichtlich. Er profitierte von der Aufbruchstimmung vor acht Jahren und hat aus der digitalen Demokratie Islands ein Geschäftsmodell gemacht. «Unser Wahlsystem stammt aus einer Zeit, als man noch mit dem Pferd zum nächsten Wahllokal galoppieren musste. Diese Zeit ist abgelaufen», sagt er.

Revival ist möglich

Selbst die Konservativen schlagen versöhnliche Töne an. «Wir wollen unsere eigene Verfassung, aber sie soll nicht komplett umgeschrieben werden», sagt der konservative Abgeordnete Birgir Ármannsson. Anders als die Demokratie-Aktivistinnen etwa behaupten, sei das neue «Verfassungskomitee» alles andere als untätig gewesen.

Man habe einen «tragbaren Kompromiss» ausformuliert zur Frage der Referenden, der natürlichen Ressourcen und des Umweltschutzes. Also zu allen «heissen Eisen».

Auch die neue grüne Regierungschefin spricht sich stark für ein Revival aus. Katrín Jakobsdóttir, die mit der Unabhängigkeitspartei eine Koalition eingegangen ist, hat festgehalten, dass sie sich noch in dieser Legislatur für eine neue Verfassung[25] einsetzen werde.

Wieder eine Frau, wieder eine Linke, wieder eine Reformerin. Smári McCarthy hat Hoffnung. «Es zeigt sich, dass die Frauen in Island bei Demokratiefragen einfach die bessere Politik machen.»

Möge Glámur ihr wohlgesinnt sein.

Quellen

1   <https://www.republik.ch/2018/09/05/warum-island-keine-eigene-verfassung-hat-eine-nordische-saga>

2   <https://de.wikipedia.org/wiki/Grettir_der_Starke>

3   <https://www.tagesanzeiger.ch/ausland/europa/Mehr-Punk-weniger-Hoelle-/story/25977893>

4   <https://en.wikipedia.org/wiki/2009_Icelandic_financial_crisis_protests>[footnote]-Revolution, so nennen es die Isländer. Der Entrüstungssturm fegt die Unabhängigkeitspartei weg. Die linken Parteien kommen an die Macht. Mit gewaltiger Mehrheit. Für die neu gewählte sozialdemokratische Premierministerin Jóhanna Sigurðardóttir[footnote]<https://en.wikipedia.org/wiki/J%C3%B3hanna_Sigur%C3%B0ard%C3%B3ttir>

5   <https://www.populationpyramid.net/de/island/1950/>

6   <https://politik-digital.de/news/kommando-zurueck-islands-demokratie-experiment-ist-gescheitert-128542/>

7   <http://stjornlagarad.is/english/>

8   <http://translate.google.com/translate?js=n&prev=_t&hl=en&ie=UTF-8&layout=2&eotf=1&sl=is&tl=en&u=http%3A%2F%2Fstjornlagarad.is%2Fstarfid%2Fafangaskjal>

9   <https://www.golem.de/1106/84139.html>

10   <https://www.theguardian.com/world/2011/jun/09/iceland-crowdsourcing-constitution-facebook>

11   <https://rendezvous.blogs.nytimes.com/2012/10/24/crowdsourcing-icelands-constitution/>

12   <https://www.sueddeutsche.de/politik/basisdemokratie-island-gibt-sich-eine-neue-verfassung-1.1352840>

13   <http://www.democraticaudit.com/2014/02/02/crowdsourcing-a-british-constitution-lessons-from-iceland/>

14   <https://constitutional-change.com/why-the-making-of-a-crowd-sourced-constitution-in-iceland-failed/>

15   <http://www.democraticaudit.com/2014/02/02/crowdsourcing-a-british-constitution-lessons-from-iceland/>

16 <https://politik-digital.de/news/kommando-zurueck-islands-demokratie-experiment-ist-gescheitert-128542/>

17 <http://www.democraticaudit.com/2014/02/02/crowdsourcing-a-british-constitution-lessons-from-iceland/>

18 <http://www.democraticaudit.com/2014/02/02/crowdsourcing-a-british-constitution-lessons-from-iceland/>

19 <https://politik-digital.de/news/kommando-zurueck-islands-demokratie-experiment-ist-gescheitert-128542/>

20 <https://www.zeit.de/politik/ausland/2010-03/island-referendum-schulden>

21 <https://panamapapers.sueddeutsche.de/articles/56effdd72f17ab0f205e6387/>

22 <https://www.sueddeutsche.de/politik/island-insel-der-angepass-ten-1.3726018>

23 <https://www.golem.de/1106/84139.html>

24 <https://reykjavik.is/en/better-reykjavik-0>

25 <https://www.sueddeutsche.de/politik/island-insel-der-angepass-ten-1.3726018-2>

Der Jäger der missbrauchten Daten

Der Indiana Jones des Datenschutzes: Paul-Olivier Dehaye half, die Facebook-Skandale zu enthüllen. Der Kampf des Belgiers gegen die Tech-Konzerne begann in der Schweiz. Ein Porträt.

Erschienen in der Republik, 15. Januar 2019

Sie hatten Fragen zu Facebook. Dreimal luden sie Mark Zuckerberg ein. Sie, das waren unter anderem Damian Collins, Alessandro Molon und Catherine Morin-Desailly. Abgeordnete aus Grossbritannien, Brasilien, Frankreich und sechs anderen Ländern[1], die am 27. November 2018 in die britische Hauptstadt angereist waren.

Sie alle hätten gern vom Facebook-Gründer persönlich erfahren, wie es zu den grossen Datenskandalen der letzten Jahre gekommen ist.

Doch der CEO lehnte es zum dritten Mal ab, nach London zu reisen. Deshalb luden sie ihn ein[2]: Paul-Olivier Dehaye.

Dabei ist Dehaye kein Angestellter des Facebook-Konzerns. Er ist auch kein Whistleblower, kein Aussteiger. Er besitzt keine brisanten Insiderinformationen. Eigentlich sind nicht einmal Antworten sein Ding. Sondern Fragen. Er stellt sie grossen Technologieunternehmen. Er verlangt Datenauskünfte bei Facebook, Tinder und Uber. Immer wieder. Hartnäckig[3], unnachgiebig, geduldig.

Der Mathematiker ist einer der gefragtesten Technologieexperten unserer Zeit. Er hilft Journalistinnen bei der Aufklärung von illegalen Datenverstössen. Er unterstützt Abgeordnete dabei, den illegalen Datenhandel der Kampagne Leave.EU der Brexit-Befürworter aufzuklären. Er war es, der den Datenskandal der Firma Cambridge Analytica ins Rollen brachte. Er sass im März 2018 im britischen Unterhaus Seite an Seite[4] mit Whistleblower Christopher Wylie.

Acht Mal taucht der Name Dehaye im Bericht des britischen Untersuchungsausschusses[5] auf. Seine Expertise wird in amerikanischen Gerichtsdokumenten[6] zitiert. Seinetwegen hat Facebook eine der umstrittensten Nutzerinformationen transparent gemacht.

Und dennoch: Nennt man seinen Namen in der netzpolitischen Szene der Schweiz, wo er schon seit über zehn Jahren lebt, ist die Reaktion oft: Paul-Olivier wer?

Wer ist dieser unbekannte Mann, der die wichtigsten Enthüllungen über die Datenkonzerne einfädelte?

Datenschutz für Anfänger

Genf. Paul-Olivier Dehaye sitzt im Impact Hub, einem Arbeits- und Zufluchtsort für Freiberufler. Und er erzählt. Dabei fragt er ständig nach: «Ergibt das Sinn für Sie? Habe ich etwas nicht verständlich genug erklärt?» Er ist es gewohnt, technische Dinge anschaulich zu erklären. Unzählige Male hat er Politikerinnen und Journalisten Dinge erklärt. Es ist ihm wichtig, dass er verstanden wird.

Das Thema Datenmissbrauch ist abstrakt, für viele zu abstrakt. Das weiss Dehaye. Es tut niemandem richtig weh. Deshalb gehen Millionen Menschen so sorglos mit ihren Daten um, als würden sie diese fotokopieren und täglich eine Ladung aus dem Fenster schmeissen.

Dehaye wählt einen anderen Ansatz, einen lokalen: «Wenn wir begreifen, dass alles, was die Technologiekonzerne tun, gegen amerikanische, französische oder britische Gesetze verstösst, wachen die Politiker eher auf.» Und so arbeitet er nächtelang mit Medienschaffenden die nationalen Schlagzeilen heraus.

Das ist sein heutiges Leben. Der ehemalige Mathematikprofessor ist heute so etwas wie ein unabhängiger Rechercheur. Einer, der Medien liebt – und die Arbeit mit ihnen. Begonnen hat das 2015. Damals las er im «Guardian»[7] zum ersten Mal von einer Firma namens Cambridge Analytica. Das Unternehmen besitze Informationen von Millionen von Bürgern und setze diese für militärische Zwecke ein.

Es blieb vorerst bei diesem einen Text. Die Zeitung verfolgte die Spur zu Dehayes Verwunderung nicht weiter. Später erfuhr er, dass der Autor des Artikels nicht mehr dort arbeitete.

Der «Guardian» verlor also das Interesse. Dehaye aber blieb am Thema dran. Und brachte die britischen Behörden auf die Spur. Im August 2016 schrieb er die unabhängige Datenschutzbehörde Grossbritanniens an, das Information Commissioner's Office. Er fragte, ob sie die Firma Cambridge Analytica auf dem Schirm habe. Mit dieser Nachricht wird die Kommission zum ersten Mal auf das kontroverse Big-Data-Unternehmen aufmerksam. Das war drei Monate vor den Präsidentschaftswahlen in den USA.

Suche nach den «heissen Daten»

Dehaye stellte weitere Nachforschungen über Cambridge Analytica an. Sie führten ihn zum Schweizer Journalisten Hannes Grassegger vom «Magazin» des «Tages-Anzeigers». Auch Grassegger recherchierte über die Big-Data-Firma. Aus dem Kontakt der beiden entstand ein Text mit dem Titel «Ich habe nur gezeigt, dass es die Bombe gibt»[8]. Mit «Bombe» meinten Grassegger und Dehaye die manipulative Werbemaschine von Facebook, die uns zum gläsernen Wähler macht. Der Artikel wurde im Dezember 2016 weltweit zum viralen Hit. Nach der Publikation machte Dehaye seine Erkenntnisse auf «Medium.com»[9] publik. Zweihundert Journalisten aus der ganzen Welt meldeten sich daraufhin bei ihm.

Das war der Startschuss für Dehayes Netzwerkarbeit. Während sich die Welt im Frühjahr 2017 ihre Meinung über Trumps angebliche «Bombe» machte, fing für Dehaye die Arbeit erst an. Zu viele Fragen waren für ihn noch ungeklärt. Was genau sammelt der Konzern Facebook über uns? Welche Datenströme werden wie miteinander verknüpft? Welche Firmen haben wieso Zugang darauf? Und: Ist das legal?

Dehaye reicht mehrere Anfragen beim grössten sozialen Netzwerk ein. Er gibt sich nicht mit den üblichen Standardfloskeln zufrieden. Er bohrt nach, verwendet das technische Vokabular des Konzerns, ist mit dem rechtlichen Instanzenweg[10] vertraut. Er weiss, dass er nur so alle Informationen zu den «heissen Eisen» von Facebook kriegt. Mehrfach korrespondiert er dazu mit dem Büro von Elizabeth Denham, der britischen Informationskommissarin, die für alle Datenbelange Europas zuständig ist.

«Reverse Engineering» – so heisst Dehayes Recherchemethode. Das Prinzip: Wenn die Plattformen keine Auskunft über ihre Funktionsweise geben wollen, dreht man den Spiess einfach um. Und setzt am anderen Ende der Verwertungskette an. Bei sich selber.

Facebook-Nutzer Paul-Olivier Dehaye verlangt also vom Unternehmen seinen persönlichen digitalen Fussabdruck. Anhand dieses Datensatzes rekonstruiert er die Mechanismen hinter der Plattform. Mit dem Ziel, deren Blackbox zu knacken.

Was zum Teufel sollte diese Werbung?

Die Methode funktioniert. Dehaye macht die Probe aufs Exempel und kommt damit dem Datenhandel des Leave.EU-Lagers[11] auf die Schliche.

Dehaye registrierte sich für den Newsletter von Leave.EU. Es vergingen einige Tage, bis die erste Ausgabe in seinem Postfach landete. Weit unten in der E-Mail sah er eine Werbeanzeige von GoSkippy, einem Unternehmen der Eldon-Versicherungsgruppe. Dehaye wurde stutzig. Wieso zum Teufel zeigen die Brexit-Anhänger ihm – der in der Schweiz wohnhaft ist – Anzeigen für eine britische Autoversicherung?

Dehaye hatte einen Verdacht. Er wusste, dass die Eldon-Gruppe Arron Banks gehört. Und Banks ist kein Unbekannter. Er ist der Christoph Blocher von Grossbritannien. Ein schwerreicher, konservativer Millionär und Mitgründer der Kampagne Leave.EU.

Dehayes Vermutung war also: Das Brexit-Lager verwendet denselben Datensatz wie die Versicherung. Mit anderen Worten: Die Brexit-Befürworter betreiben illegalen Datenaustausch.

Um seine These zu untermauern, spannte Dehaye mit der renommierten Journalistin Carole Cadwalladr zusammen. Er unterstützte sie bei der korrekten Ausformulierung eines *subject access request*, eines umfassenden Auskunftsbegehrens. Sein Verdacht bestätigte sich: Die Brexit-Kampagne bediente sich der Daten von Eldon-Versicherten. Wer versichert war, erhielt Brexit-Werbung zu Gesicht. Auf allen Plattformen.

Mit diesem Wissen[12] wurde Paul-Olivier Dehaye neben dem pinkhaarigen Whistleblower Christopher Wylie zur wichtigsten Informationsquelle für das britische Parlament. Weil Facebook sich weigerte, auf die fünfzehn Fragen des Brexit-Untersuchungskomitees im Detail[13] zu antworten, griff das Komitee auf die Expertise des unabhängigen Datenschutzexperten zurück.

Der Labour-Abgeordnete Ian Lucas, einer der leitenden Köpfe bei der Untersuchung zum Brexit, sagt: «Das Wissen und die Dienste von Paul-Olivier Dehaye sind für uns von unschätzbarem Wert.»

Doch nicht nur Grossbritannien erhielt dank Dehayes Hartnäckigkeit Klarheit darüber, was da eigentlich während des Brexit-Referendums in der digitalen Sphäre passierte.

Auch die zwei Milliarden Facebook-Nutzerinnen erhielten seinetwegen mehr Transparenz. Weil das soziale Netzwerk nachgegeben hat. Und eine der sensibelsten Informationen für alle sichtbar machte: Mit ein paar wenigen Klicks in Ihren Profileinstellungen[14] erfahren Sie, ob Spotify oder Netflix Ihre persönlichen Daten an Facebook weiterverschenkt haben.

Ein Sieg für Paul-Olivier Dehaye, den man in Wissenschaftskreisen den «Indiana Jones des Datenschutzes»[15] nennt. Aber nur ein Etappensieg.

Zwist und Zerwürfnis in Zürich

«Paul ist ein Rebell mit einem grossen Sinn für Gerechtigkeit», sagt der ETH-Professor Ernst Hafen. Er ist wie Dehaye ein Verfechter von MyData – einer Bewegung, die für digitale Selbstbestimmung eintritt. Hafen arbeitete in Zürich mit Dehaye zusammen.

Zürich hat in Dehayes Laufbahn eine besondere Bedeutung. Es ist die Stadt, in der sein Kampf gegen die Datenkonzerne begonnen hat. Nämlich gegen das amerikanische Unternehmen Coursera, eine Bildungsplattform zur Übertragung von Vorlesungen im Internet.

Der damals an der Universität Zürich angestellte Mathematikprofessor deckte gemeinsam mit NDR-, «Süddeutsche»- und SRF-Journalisten[16] auf, dass das Netzwerk Alter, Geschlecht, Fähigkeiten und Arbeitszeiten der Studierenden sammelte und mutmasslich weiterverwendete. Mathematikprofessor Dehaye rief seine Studierenden zum Boykott der Plattform auf und klagte die Herausgabe seiner persönlichen Daten ein.

Die Universität Zürich hielt an Coursera fest. Trotz potenziell groben Verstössen gegen das Schweizer Datenschutzgesetz. Es kam zum Zerwürfnis zwischen der Universitätsleitung und Dehaye. Der Aktivist verliess daraufhin die akademische Welt.

Ernst Hafen war damals einer der wenigen, die Dehayes Engagement gegen die Bildungsplattform Coursera unterstützten. Und bewunderten. «Paul sieht weiter.»

«Too big to comply»

Und Dehaye sah in der Tat weiter. Nämlich, dass Mark Zuckerberg beim Tech-Hearing vom 11. April 2018 in Washington nicht die Wahrheit sagte. Der demokratische Senator Richard Blumenthal fragte den Facebook-Gründer[17] direkt, ob jede Nutzerin alle Datenspuren inklusive Tracking-Daten über sich erfahren könne.

Zuckerbergs Antwort: «Ja, jeder könnte diese Daten herunterladen.»

Doch das war falsch. «Zuckerberg hat zweimal vor laufender Kamera die Politiker Washingtons und auch die ganze Welt angelogen», behauptet Dehaye.

Dehaye weiss das, weil er via E-Mail dieselbe Frage an Facebook stellte. Und eine ganz andere Antwort bekam. Das war am 7. März 2018, rund einen Monat vor Zuckerbergs Aussage im Senat. Es war das letzte Schreiben in einem zähen einjährigen E-Mail-Verkehr.

«Sie schrieben mir: ‹Wir können Ihnen keine Auskunft geben, Ihre Anfrage ist zu kostspielig. Es ist zu aufwendig, alle diese Tracking-Daten aus den Webseiten herauszuziehen.› Dafür sei ihr System nicht gemacht.»

Mit anderen Worten: Facebook ist *too big to comply* – zu gross, um das Datenschutzgesetz einhalten zu können. Dehaye war fassungslos, als er die Zeilen las.

Facebooks Eingeständnis, den gesetzlichen Datenschutz zu missachten, zitierte Dehaye am 28. März 2018. An dem Tag, als er erstmals als Zeuge vom britischen Parlament eingeladen worden war. Das Team von Senator Blumenthal fand die Mitschrift später im Internet. Und konfrontierte[18] Mark Zuckerberg im Juni 2018 mit seiner Falschaussage.

Dehaye weiss viel über die Praktiken der Tech-Konzerne. Seine Antworten sind wohlüberlegt, berechnend. Kein Wort zu viel, keines zu wenig. Er achtet penibel genau darauf, wem er welche Information aus seinen Recherchen zusteckt.

Während des Gesprächs im Genfer Impact Hub zieht Dehaye mehrfach sein Smartphone hervor. Mit interessierten Augen blickt er drauf. Auf die neugierige Frage der Reporterin, worum es gehe, will er nicht antworten.

Später wird er erzählen, dass er damals schon etwas wusste, was die Öffentlichkeit erst vor einigen Wochen dank dem «Guardian» schwarz auf weiss erfahren hat: dass Facebook einmal mehr gelogen hatte. Der Konzern beteuerte mehrfach, dass es seit 2014 keinen Fall wie Cambridge Analytica gegeben habe. Dass man die Zugänge für unberechtigte Datenabflüsse gekappt habe.

Doch am 5. Dezember 2018 veröffentlichte das britische Parlament Dokumente[19], die das Gegenteil bestätigen. Topkunden wie Airbnb und Netflix hatten private Deals mit Facebook eingefädelt. Sie standen auf einer weissen Liste und konnten weiterhin ungebremst private Informationen absaugen. Es ist die jüngste PR-Katastrophe des grössten sozialen Netzwerks. Und wieder war Paul-Olivier Dehaye einen Schritt voraus.

Immer unter Strom

Nicht nur Facebook steht auf Dehayes Liste. Ihn faszinieren alle Technologien, in denen soziale Beziehungen in Daten und damit auch in Geld umgewandelt werden, etwa Dating-Apps oder die Sharing-Economy-Plattformen. Tinder ist eine weitere Blackbox, die er fast knackte.

Dehaye unterstützte die Journalistin Judith Duportail im September 2017 bei der Beschaffung ihrer persönlichsten Daten[20] für eine «Guardian»-Recherche. Dieser Kampf sei hart gewesen, sagte er. An dem Heer von Tinder-Anwälten hat sich das Duo fast die Zähne ausgebissen.

Doch am Ende erhielten Duportail und Dehaye, was sie verlangten. Ein Dokument von 800 Seiten. Darin steht, wo sich Duportail befand, als sie mit ihrem ersten Match flirtete, welche Musikvorlieben sie hat, welche Ausbildung sie absolvierte. Duportail bekam zwar nicht alle Informationen, die sie verlangte – schuldig blieb ihr Tinder etwa den Attraktivitätsscore, eine Zahl, mit der das System festlegt, wie schön oder hässlich eine Tinder-Nutzerin ist. Aber immerhin, die 800 Seiten waren ein Anfang.

«Tinder zeigte sich völlig verblüfft», sagt Dehaye. «Wir waren die Ersten überhaupt, die das taten. 90 Prozent der Netzaktivisten und Journalisten hätten wohl bei dem juristischen Widerstand aufgegeben. Wir haben weitergemacht.»

Dehayes Augen leuchten, wenn er von diesen Siegen erzählt. Sie verschaffen ihm Genugtuung: «Es regt die Technologiekonzerne ja so auf, wenn Leute wie ich kommen, ihr Vokabular kennen und sie mit Fragen löchern. Um zu antworten, müssen sie alles mühsam rekonstruieren.»

Ganz uneigennützig ist seine Medienarbeit nicht. Jeder erschienene Artikel, an dem er mitgewirkt hat, ist Werbung für ihn und für seinen Dienst PersonalData.IO. Ein kostenloser Service, mit dem man bequem persönliche Datenauskünfte bei allen Technologiekonzernen bestellen kann. Nach der Publikation des Tinder-Artikels hatten 300 Personen über Personal-Data.IO ihre Tinder-Daten angefordert.

Doch Geld verdienen will Dehaye mit seinem Dienst noch nicht. PersonalData.IO bringt dem bald dreifachen Familienvater keinen Rappen ein. Er finanziert sein Angebot mit Spenden und seinen Honoraren aus Vorträgen.

Kürzlich erhielt er auch finanzielle Unterstützung von der George-Soros-Stiftung Open Society Foundations und dem Data Transparency Lab, einem Forum für Datentransparenz, hauptsächlich finanziert durch die spanische Kommunikationsanbieterin Telefónica. Damit kann Dehaye seine Mitarbeiter knapp finanzieren. Auch sein neues Amt als Verwaltungsrat der internationalen Organisation MyData ist ehrenamtlich. Hauptverdienerin ist derzeit seine Frau.

Der sanfte Rebell

Dem «Tages-Anzeiger» erzählte[21] Paul-Olivier Dehaye einmal, dass er seinen Job als Mathematikprofessor in Zürich wegen eines Burn-outs nach dem Zerwürfnis mit der Universität Zürich aufgegeben habe und mit seiner Familie nach Genf gezogen sei.

Doch man hat den Eindruck, dass der 37-Jährige immer noch unter Strom steht. Fragen nach dem Gespräch beantwortet er in Sekundenschnelle, auch nachts. Geschätzte zehn A4-Seiten E-Mail-Korrespondenz seien produziert worden zwischen ihm, Dublin und dem Silicon Valley.

Wieso tut er sich diese unbezahlte Arbeit an, obwohl ihm keine der zwei Milliarden Facebook-Nutzerinnen je dafür danken wird? «Weil es unser Recht ist, ganz einfach.» Hier spricht der Idealist, der Rebell. «Meine grösste Hoffnung ist, dass die Leute wissen, dass sie digitale Rechte haben, die sie einfordern können. Dass es endlich eine Bewegung geben wird.»

Den Idealismus möchte Dehaye irgendwann überwinden, um dann von seinem Dienst PersonalData.IO leben zu können. Er hofft, dass es einen Markt für datenschutzkonforme Dienstleistungen geben wird. Dass sich dafür endlich Investoren gewinnen lassen. Sollten Google und Facebook seine Dienste anfordern, würde er nicht Nein sagen.

Ist es Besessenheit?

Als der Vorsitzende des Brexit-Untersuchungsausschusses im März gegen Ende des Verhörs – als alles gesagt war – fragte, ob die beiden Zeugen noch eine wichtige Anmerkung hätten, nutzte Dehaye die Gelegenheit[22].

Er setzte zum feurigen Schlussplädoyer an. Und forderte Englands Politikerinnen dazu auf, weiterhin alle Machenschaften des Konzerns zu untersuchen. Und dabei nicht vorschnell über deren mögliche Wirkung zu urteilen.

In diesem Schlussstatement steckte viel von Dehayes Kompetenz. Aber es schwang auch viel Enttäuschung und Verbitterung mit. Es kränkte Dehaye, dass in der Aufarbeitung der Manipulationen um Cambridge Analytica Zweifel und Relativierungen den Ton angaben. Als ob die Machenschaften irgendwie doch halb so wild gewesen seien. Auch hat Dehaye Mühe, Kritik am «Bomben»-Text des Magazins zu akzeptieren. Er verteidigt den Inhalt, wie wenn mit jedem kritischen Satz er persönlich infrage gestellt würde.

Dehayes Sichtweise hat etwas Resolutes, ja, manchmal fast schon Technologiedeterministisches. Für ihn ist klar: Die sozialen Netzwerke tragen eine grosse Mitschuld an vielen aktuellen Problemen. Das sehe man, so Dehaye, gegenwärtig anhand der Gelbwesten-Proteste in Frankreich.

Vielleicht braucht es aber diese Besessenheit, diese felsenfeste Überzeugung, damit die Welt auch nur einen Bruchteil der Wahrheit über Datenkapitalismus erfährt. Wie hält man sonst so viel Widerstand vonseiten der Technologiekonzerne aus?

Sein Sitznachbar vor dem Untersuchungsausschuss, der Whistleblower Christopher Wylie, war baff nach Paul-Olivier Dehayes Schlussplädoyer: «Ich habe nichts mehr anzufügen, er hat es perfekt ausgedrückt.»

Der «Indiana Jones» lässt keinen Zweifel daran, dass er auch weiterhin gegen datenhungrige Konzerne ins Feld ziehen wird.

Quellen

1 <https://www.parliament.uk/business/committees/committees-a-z/commons-select/digital-culture-media-and-sport-committee/inquiries/parliament-2017/fake-news-17-19/>

2 <https://www.parliament.uk/business/committees/committees-a-z/commons-select/digital-culture-media-and-sport-committee/news/fake-news-christopher-wylie-evidence-17-19/>

3 <https://techcrunch.com/2018/03/28/facebook-just-lost-another-user-new-zealands-privacy-commissioner/>

4 <https://www.parliament.uk/business/committees/committees-a-z/commons-select/digital-culture-media-and-sport-committee/news/fake-news-christopher-wylie-evidence-17-19/>

5 <https://publications.parliament.uk/pa/cm201719/cmselect/cmcumeds/363/36302.htm>

6 <https://www.judiciary.senate.gov/imo/media/doc/Zuckerberg%20Responses%20to%20Commerce%20Committee%20QFRs.pdf>

7 <https://www.theguardian.com/us-news/2015/dec/11/senator-ted-cruz-president-campaign-facebook-user-data>

8 <https://www.dasmagazin.ch/2016/12/03/ich-habe-nur-gezeigt-dass-es-die-bombe-gibt/>

9 <https://medium.com/personaldata-io/microtargeting-of-low-information-voters-6eb2520cd473>

10 <https://medium.com/@pdehaye/two-complaints-to-irish-data-protection-commissioner-regarding-facebook-2e8f9f11254f>

11 <http://data.parliament.uk/writtenevidence/committeeevidence.svc/evidencedocument/digital-culture-media-and-sport-committee/fake-news/oral/81022.html>

12 <https://www.youtube.com/watch?v=gXoodqrTg8o>

13 <https://publications.parliament.uk/pa/cm201719/cmselect/cmcumeds/363/36305.htm>

14 <https://www.facebook.com/ads/preferences/?entry_product=ad_settings_screen>

15 <https://www.law.kuleuven.be/citip/blog/paul-olivier-dehaye-and-the-raiders-of-the-lost-data/>

16 <https://www.srf.ch/news/international/rechtschaos-um-studenten-daten>

17 <https://www.youtube.com/watch?v=qmnDw8miR58>

18 <https://www.judiciary.senate.gov/imo/media/doc/Zuckerberg%20Responses%20to%20Commerce%20Committee%20QFRs.pdf>

19 <https://www.parliament.uk/documents/commons-committees/culture-media-and-sport/Note-by-Chair-and-selected-documents-ordered-from-Six4Three.pdf>

20 <https://www.theguardian.com/technology/2017/sep/26/tinder-personal-data-dating-app-messages-hacked-sold>

21 <https://www.tagesanzeiger.ch/wirtschaft/unternehmen-und-konjunktur/Sie-luegen/story/24376519>

22 <http://data.parliament.uk/writtenevidence/committeeevidence.svc/evidence-document/digital-culture-media-and-sport-committee/fake-news/oral/81022.html>

Das heikle Geschäft mit der Demokratie

Für die Schweizerische Post ist E-Voting ein Prestigeprojekt. Dabei setzt sie auf Technologie der spanischen Firma Scytl. Jetzt zeigen Republik-Recherchen: Der Marktführer für E-Voting hat EU-Gelder zweckentfremdet, Wahlen in den Sand gesetzt – und Sicherheitsprobleme bei der Stimmabgabe.

Erschienen in der Republik, 31. Januar 2019

Eigentlich müsste sich die Schweizerische Post freuen. Nach dem Aus ihres Genfer Konkurrenten CHVote besitzt sie das E-Voting-Monopol im Land. Alle anderen Anbieter haben aufgegeben: weil sie die hohen Sicherheitskosten scheuen oder den Anforderungen des Bundes nicht standhalten.

Freuen müsste sich auch Scytl. Die spanische E-Voting-Firma ist der Branchenleader. Sie verkauft ihre Wahlsoftware an 42 Länder.[1] Die Post ist einer ihrer wichtigsten Kunden.

Doch die Freude wird getrübt. Die Kritik am E-Voting wird lauter und lauter. Immer mehr Politikerinnen zweifeln an der Zuverlässigkeit des digitalen Wählens. Vergangenen Freitag präsentierten die Gegner gar eine Volksinitiative gegen das E-Voting. Mit einem Moratorium[2] wollen sie die Wahltechnologie so lange verbieten lassen, bis nachgewiesen werden kann, dass die Stimmabgabe im Internet dieselben Sicherheitsstandards erfüllt wie jene der Urnenwahl.

Noch vor zehn Jahren herrschte Aufbruchstimmung beim Thema E-Voting. Davon ist im Wahljahr 2019 nur noch wenig zu spüren. Skepsis und Widerstand machen sich breit. Selbst die E-Voting-Promotoren werden nervös. Es steht viel auf dem Spiel – besonders für die Post. Das E-Voting ist ein Prestigeprojekt für den Staatskonzern. Er will damit zeigen, dass er beim digitalen Wandel mithalten kann.

Der Technologiepartner, auf den die Post beim Aufbruch in die digitale Zukunft der Demokratie setzt, ist allerdings nicht über alle Zweifel erhaben. 2014 hat Scytl regionale Wahlen in Ecuador derart vermasselt, dass alle eingescannten Wahlzettel am Scytl-Hauptsitz in Barcelona manuell ausgezählt werden mussten. Einige Scytl-Manager wurden deswegen sogar vorübergehend festgenommen. Das zeigen Recherchen der Republik.

Damit nicht genug: Das Unternehmen hält wichtige Informationen für die Überprüfung seines E-Voting-Systems zurück oder verlangt dafür saftige Lizenzen. Zudem setzte das Unternehmen sowohl Gelder aus Spaniens Staatskasse wie auch EU-Forschungsgelder für die Kundengewinnung ein, anstatt sie wie vorgeschrieben in die Weiterentwicklung zu investieren. Und dann ist da noch der Fall mit der unsicheren Stimmabgabe in Australien.

Was also ist vom Technologiepartner der Post zu halten?

Die Geschichte der Firma Scytl ist geprägt von Erfolgen, aber auch einigen Pannen. Es ist die Geschichte eines Unternehmens, das sich mehrfach neu erfunden hat – und für das die Schweiz schon sehr früh eine zentrale Rolle spielte.

Vor allem aber zeigt die Geschichte von Scytl, wie heikel es sein kann, wenn eine hoheitliche Staatsaufgabe wie der Wahlvorgang an eine private Firma ausgelagert wird.

Der Kanton Neuenburg als erster Kunde

Scytl wurde 2001 von Andreu Riera gegründet. Die Idee dafür hatte der Kryptografieexperte während der US-Präsidentschaftswahlen[3] von 2000. Als damals die Stimmen in Florida nachgezählt werden mussten, dachte

Riera, das müsse doch online viel effizienter ablaufen. «Wenn die wichtigste Demokratie der Welt einen Monat braucht, um zu bestimmen, wer gewonnen hat, und der Oberste Gerichtshof eine endgültige Entscheidung treffen muss, dann ist das traditionelle Wahlsystem eindeutig gescheitert», zitierte der frühere Scytl-CEO Pere Valles den 2006 verstorbenen Gründer Riera.

Der Wissenschaftler tüftelte seit den 1990er-Jahren an der Universitat Autònoma de Barcelona an kryptografischen Lösungen. Seit je beschäftigte ihn das Paradoxon einer E-Voting-Lösung: die Vereinbarkeit des Stimmgeheimnisses und der Verifizierung eines Wählers.

Die Kollegen seiner Forschungsgruppe nahm er gleich mit zu Scytl, sie waren die ersten Angestellten des Unternehmens.

Am Anfang harzte es. Die Wissenschaftler waren keine Verkäufer. Es war schwierig, den Regierungen eine derart komplexe Technologie zu erklären. Niemand wollte sich die Finger an elektronischen Wahlen verbrennen.

Scytl brauchte dringend einen ersten Kunden. Und fand ihn 2004 – im schweizerischen Neuenburg. Weshalb bot sich der Westschweizer Kanton damals als Versuchskaninchen an? Der Bund habe Pilotkantone für das E-Voting gesucht, sagt Neuenburgs Vizekanzler Pascal Fontana auf Anfrage der Republik. «Wir suchten die Firma mit dem besten Fachwissen in Sachen Sicherheit.» Die Wahl fiel auf Scytl.

Neuenburg wurde für das spanische Start-up zum Testfall. Und katapultierte die Firma in neue Höhen. Mit dieser ersten Referenz wuchs Scytl schlagartig.

Der Durchbruch gelang mit Florida

Nun floss das Geld. Mehrere Investoren dockten an. Unter anderem auch Vulcan Capital[4], der Fonds von Paul Allen, Co-Gründer von Microsoft. Dank den Finanzspritzen schaffte Scytl den Sprung von der akademischen

Welt auf den freien Markt. Die Firma meldete 40 Patente an und stellte weltweit 600 Mitarbeiter[5] ein. Bis vor ein paar Jahren war Scytl mit über 120 Millionen Euro Risikokapital[6] das bestfinanzierte Start-up Spaniens.

Gründer Andreu Riera, der sich in der Forschungswelt wohler fühlte als in der Privatwirtschaft, überliess sein Baby dem neuen CEO Pere Valles und widmete sich neuen Forschungsideen. 2006 kam Riera bei einem Autounfall[7] ums Leben. Er erlebte damit die wichtigste Wachstumsphase von Scytl nicht mehr – als der Firma 2008 der internationale Durchbruch gelang.

Es war das Jahr, in dem Facebook-König Barack Obama Millionen von Wählerinnen im Netz begeisterte. Und das Jahr, in dem das spanische E-Voting-Wunder seinen ersten amerikanischen Kunden gewann: Florida. Der US-Bundesstaat, der Andreu Riera zur Gründung von Scytl inspirierte.

«Florida wollte nicht mehr der letzte, sondern der erste Staat sein», erzählte CEO Valles später dem Businessmagazin «Informilo».[8] Die Wahlbehörden suchten nach einer Technologie, mit deren Hilfe die in Afghanistan stationierten Soldaten abstimmen konnten. Die Auslandswähler wurden immer mehr zum wichtigsten Verkaufsargument für Scytl.

Die Nachfrage nach der Stimmabgabe via Internet wuchs. Aber nicht so schnell, wie dies Scytl-CEO Valles und seine Investoren gerne gehabt hätten. Politische Wahlen sind ein spezieller, volatiler Markt. Zu spüren bekam dies die Firma, als 2015 ein Vertrag über 30 Millionen Euro[9] mit der Republik Kongo platzte. Der damalige Präsident des Landes hatte sich in letzter Sekunde gegen die Internetwahl entschieden.

24 Wahlprodukte im Angebot

Das spanische Unternehmen änderte aufgrund solcher Unwägbarkeiten schon sehr früh sein Geschäftsmodell. Es wurde zum Allrounder, einer Art Gemischtwarenladen für alle Arten des Wählens, online und traditionell.

Neu boten die Spanier Software für Wahlmaschinen sowie Infrastruktur und Betreuung vor Ort an. Bis heute sind 24 verschiedene Wahlprodukte[10] im Angebot, von der reinen Internetwahl bis zum Betrieb digitaler Urnen.

In den USA waren die Behörden zuerst skeptisch gegenüber *pitches* der spanischen Firma. Ausländischen Firmen, die Wahltechnologien verkauften, begegnete man grundsätzlich misstrauisch. Das änderte sich 2012, als Scytl den amerikanischen Konkurrenten SOE[11] aufkaufte und Teams in den USA aufbaute. Von den 3200 US-Bezirksbehörden sind heute 1400 Scytl-Kunden.[12]

In Fachmagazinen und an Internetkonferenzen rühmt sich die Firma, die Demokratien in Entwicklungsländern zu retten. Mit Werbevideos[13], die auf die Fehleranfälligkeit des Menschen verweisen. Und die präzise Schnelligkeit[14] des Digitalen loben. Auf der Website des Unternehmens steht der Slogan: *We Power Democracy.*

Ex-CEO Pere Valles behauptete gerne, Wahlbetrug werde dank Scytl eingedämmt. An der NOAH-Konferenz in London[15] im November 2015 erzählte er einem Reporter[16] folgende Erfolgsgeschichte aus Afrika: «Drei Monate hatte es gedauert, bis die Stimmen der Wahlen 2010 in der Elfenbeinküste ausgezählt waren. 3000 Menschen sind gestorben, weil Präsident Laurent Gbagbo den Sieg des Herausforderers Alassane Ouattara wegen der langen Nachzählung nicht akzeptierte. Dank unserer Technologie konnten 2015 40 Prozent der Stimmen innerhalb von 24 Stunden ausgezählt werden. Ohne jeden Aufruhr.»

Trotz geplatzten Geschäften wie im Kongo wurden afrikanische Staaten wie die Elfenbeinküste zum besten Marketing für die spanische Firma. Immer wieder wiederholte Scytl ihre Werbebotschaft: Menschen sind fehlbar und nicht vertrauenswürdig, das Internet jedoch ist nicht korrumpierbar.

Verschlüsselung als Trumpf

Auch deswegen wurden Internetwahlen im vergangenen Jahrzehnt immer salonfähiger. Die Zahl der Scytl-Kunden wuchs seit 2012 stetig an. Doch damit wuchsen auch die Sicherheitsbedenken. Effizientes Abstimmen mit drei Klicks reichte nicht mehr als Verkaufsargument. Wählerinnen möchten darauf vertrauen können, dass ihre Stimmen auch digital sicher übermittelt und korrekt gezählt werden.

Kein Problem für Scytl, im Gegenteil: Genau auf diesem Feld triumphiert die Firma. Das Kryptografie-Know-how wurde dank ihrem Gründer Riera zum Asset des Unternehmens. Das manifestiert sich auch im Firmennamen. Scytl ist eine Ableitung von Skytale – dem Namen des ersten kryptografischen Werkzeuges, das je verwendet wurde: eine Pergamentrolle auf einem Zylinder. Die alten Griechen und Spartaner haben damit verschlüsselt kommuniziert.[17]

Besonders stolz ist der E-Voting-Marktführer auf die technische Vereinbarkeit von Wahlgeheimnis und Authentifizierung. «Wir haben Verfahren entwickelt, mit der Wahlprüfer kontrollieren können, ob die abgegebenen Stimmen mit den eingetroffenen Stimmen übereinstimmen», so Valles im Jahr 2015.[18] «Universelle Verifizierbarkeit» nennt man das im Fachjargon. Damit soll sichergestellt werden, dass die elektronisch abgegebenen und übermittelten Stimmen unterwegs nicht manipuliert werden können.

So weit, so gut. Gräbt man jedoch tiefer, tauchen viele Fragezeichen auf. Wie geht der Technologiepartner der Post …

1. … mit öffentlichen Geldern um?
2. … mit Pleiten und Pannen um?
3. … mit Sicherheitslücken um?

Und was bedeutet das alles für die E-Voting-Lösung der Post?

Wie Scytl mit Forschungsgeldern umgeht

Da ist die Sache mit dem Geld. Über den finanziellen Erfolg von Scytl ist nur wenig bekannt. Darüber spricht das spanische Unternehmen ungern. Die hohen Wachstumsraten und riesigen Finanzspritzen werden kommuniziert, Umsatzzahlen hingegen weist das Unternehmen keine aus.

Lange Zeit arbeitete das Start-up auf einen Börsengang[19] hin. Ziel war es, 2017 am amerikanischen Nasdaq zu debütieren. Doch just in jenem Jahr liessen die Scytl-Manager die Börsenpläne fallen. Aus Gründen der Neutralität. «Bei einem so sensiblen Geschäftsfeld wie Wahltechnologie ist ein Börsengang in den USA politisch heikel», sagt Scytl-Sprecherin Gwendolyne Savoy.

Über die Investoren der Firma kursieren zahlreiche Gerüchte im Netz. Viele davon sind unhaltbar. Etwa, dass Scytl Verbindungen in die CIA unterhalte. Oder dass George Soros die Firma gekauft habe. Fest steht jedoch, dass Scytl hohe Summen aus der spanischen Staatskasse erhalten hat. Eigentlich handelte es sich dabei um Forschungsgelder. Doch die Firma setzte die Mittel in einigen Fällen anders ein als vorgeschrieben, wie Recherchen der Republik belegen.

Statt die Gelder in die Zusammenarbeit mit Universitäten zu stecken, stockte Scytl damit die Produktteams auf und entwickelte neue Prototypen für ihre Kunden. Ein Zuschuss über 1,5 Millionen Euro von Spaniens Ministerium für Forschung und Industrie wurde gemäss einem internen Dokument, das der Republik vorliegt, unter anderem für eine «Produkte-Demo» für den Kanton Neuenburg eingesetzt. Und 900'000 Euro des EU-Förderungsfonds flossen in die Entwicklung von Softwaremodulen für ecuadorianische Wahlbehörden.

Im Dokument stehen Vermerke, wie der Mitteleinsatz gerechtfertigt werden soll. «Wir haben kreative Reports geschrieben», erinnert sich ein ehemaliger Projektmanager gegenüber der Republik. Spaniens öffentliche Förderer interessierte dies offenbar nicht. Oder sie waren mit den Erläuterungen von Scytl zufrieden – es gab keine Nachprüfungen. Scytl dementiert: «Die Gelder haben wir nur für Forschung und Entwicklung eingesetzt», sagt Sprecherin Gwendolyne Savoy.

Systemausfall in Ecuador

Da ist die Sache mit der Verlässlichkeit. Erfolgsgeschichten über Scytl sind viele zu hören, kaum bekannt sind die Pannen. Zum Beispiel jene bei den Regionalwahlen 2014 in Ecuador. Scytl hatte den Auftrag erhalten, für einige Regionen des lateinamerikanischen Staats die Wahlmaschinen zu betreiben.

Am Wahltag, dem 23. Februar, versagte die Technik auf mehreren Ebenen: Die Scytl-Software funktionierte in manchen Bezirken überhaupt nicht. Das Programm konnte einen grossen Teil der eingescannten Wahlpapiere nicht richtig lesen und korrekt interpretieren. Und einige Server fielen wegen der hohen Datenmenge komplett aus. In den Dschungelregionen, wo es nur schwaches Internet gab, war die Situation besonders dramatisch.

Gemäss einem Bericht der Union der Südamerikanischen Nationen (Unasur)[20] «war das System nicht in der Lage, die Menge der eingescannten Informationen zu verarbeiten». IT-Blogger kritisierten[21] später, dass das System vorher nicht ausreichend getestet worden sei. Scytl wiederum gab der schlechten Infrastruktur Ecuadors die Schuld.

Der nationale Wahlrat Ecuadors war empört und schickte das Scytl-Personal mitsamt den Wahlzetteln nach Barcelona. Am Hauptsitz der Firma hatten die Mitarbeiter 72 Stunden Zeit, die eingescannten Wahlzettel händisch auszuzählen. Als Pfand behielt Ecuadors Regierung mehrere Manager der Firma im Land zurück, unter anderem den zuständigen Projektleiter Osman Loaiza. Sie wurden vorübergehend festgehalten – wegen «Vertragsbruchs».

Im Hauptquartier wurden derweil alle Mitarbeitenden für die händische Aufzählung aufgeboten. Sie hätten während dieser Zeit auf Matratzen im Büro geschlafen, erinnert sich ein ehemaliger Entwickler. Doch es waren zu viele Wahlzettel. Scytl konnte erst nach einem Monat verkünden, wer in den ihnen zugeteilten Wahlbezirken gewonnen hatte. Die Zusammenarbeit wurde danach aufgelöst. Und die Scytl-Manager mussten sich vor Gericht verantworten.

Der Fall habe seltsamerweise international kaum Aufmerksamkeit erregt, sagen ehemalige Angestellte heute. Scytl bestreitet, dass die Wahlen in Ecuador in einem Debakel endeten. Man habe den Prozess «insgesamt verbessern können gegenüber den regionalen Wahlen 2009», sagt die Scytl-Sprecherin.

Schliesslich ist da noch die Sache mit der Sicherheit. Der heikelste Vorfall für Scytl geschah 2015 während der Parlamentswahlen im australischen Bundesstaat New South Wales. Gewählt wurde dort mit der Scytl-Software iVote. Die Forscher Alex Halderman der University of Michigan und Vanessa Teague der University of Melbourne schauten sich das System genauer an und entdeckten eine gravierende Schwachstelle[22]: Sie schafften es, die Verschlüsselung zwischen dem Browser des Wählers und dem E-Voting-System zu umgehen.

Hätten das Hacker mit bösen Absichten getan, so wäre es möglich gewesen, die Anonymität der Wählerin aufzuheben und die Stimme zu manipulieren.

Nun ist es nicht so, dass sich Scytl nach solchen Vorfällen verschanzt. Das Unternehmen reagierte auf die Kritik der Expertinnen. Relativ ausführlich, aber in der Position stets defensiv.

Denn da ist eine weitere Sache, die Fragen aufwirft.

Die Sache mit der Transparenz.

Fehlende Überprüfbarkeit

Zwar ist sich das Führungsteam von Scytl seines heiklen Geschäfts mit der Demokratie bewusst. Die Leute wissen, dass ihr Produkt durch Hackingattacken angreifbar ist. Deswegen holte Ex-CEO Pere Valles Wissenschaftlerinnen und Verschlüsselungsexperten in die Beiräte und bot Hand für Experten-Reviews.

Doch bei den wirklich relevanten Informationen bleibt man knausrig. Um Software kritisch zu überprüfen, bedarf es mehr als nur der Kenntnis des Quellcodes. Erst mit einer umfangreichen Dokumentation und Anleitung können Systeme aufgesetzt und getestet werden.

Genau diese Informationen gibt das spanische Unternehmen jedoch gemäss Informationen der Republik nicht heraus.

Entweder beantwortet die Firma entsprechende Anfragen damit, dass die Veröffentlichung ganzer Dokumentationen nicht zwingend mehr Sicherheit bedeuten würde. Auf Nachfrage des Technologiemagazins «Ars Technica»[23] antwortete eine Scytl-Sprecherin 2016 flapsig: «Die Wähler kennen den Quellcode ihres Online-Bankings schliesslich auch nicht.»

Oder aber die Firma gibt in Stellungnahmen unumwunden zu[24], dass öffentliche Reviews ihr Geschäftsmodell gefährden würden. Weil die Konkurrenz damit kostenlos Zugriff auf das Kapital von Scytl erhielte – die Software und das über Jahre aufgebaute Know-how: «Bei einer öffentlichen Begutachtung hätte Scytl keine Kontrolle darüber, wer Zugriff auf unser geistiges Eigentum hat.» Also versuchen Scytl-Manager zu viel Transparenz möglichst zu vermeiden, wie veröffentlichte Forschungspapiere zeigen.

Forscher der Universität Berkeley wollten bereits 2008 Software der «Voting Kiosks»[25] in Florida untersuchen, also der Wahlmaschinen, die zum Einsatz kommen. Doch ihnen fehlten dafür die entscheidenden

Dokumente. Die Berkeley-Forscher konnten also weder testen, ob das System einwandfrei funktioniert, noch war es ihnen möglich, zu Testzwecken Angriffe darauf durchführen.

Das Debakel in Norwegen

Dasselbe Problem wiederholte sich drei Jahre später, als Norwegen 2011 beschloss, E-Voting einzuführen. Man setzte auf Scytl-Software. Um Vertrauen bei der norwegischen Bevölkerung zu gewinnen, publizierten die Behörden den Quellcode.

Doch das vorhandene Material war nicht nur unbrauchbar, es war sogar fehlerhaft. Eine Forschungsgruppe aus der Schweiz wies schliesslich die norwegische Regierung auf die Schwachstelle hin. Der «Haufen Code», den sie zur Einsicht erhalten hätten, habe nicht dazu getaugt, das System zum Laufen zu bringen, sagt Reto Koenig, Professor für Computerwissenschaften an der Berner Fachhochschule BFH, der damals das norwegische E-Voting-System untersuchte.

Die Gruppe um Koenig musste improvisieren. Und fand mit einfachen Programmen «einen Bug, der sich tief in der Kryptografie versteckt hatte». Diese Entdeckung warf kein gutes Licht auf den Pionier Norwegen, dessen E-Voting-System damals schon seit zwei Jahren im Einsatz war.

Andere Forscher kamen zu den gleichen Ergebnissen[26] wie das Team aus der Schweiz. Reto Koenig und eine Forschungsdelegation der BFH[27] wurden darauf nach Oslo eingeladen. Ihre Präsentation vor dem internationalen Gremium der OSZE-Wahlbeobachter zeigte Wirkung.

2013 schränkte Norwegen den E-Voting-Betrieb ein. Ein Jahr später wurde das E-Voting-Projekt ganz begraben. Wegen Ängsten aus der Bevölkerung. Und weil es einen politischen Wechsel gab. Dennoch stellt

Scytl ihr Geschäft in Norwegen als Erfolgsgeschichte dar. Auf ihrer Website schreibt die Firma: «94 Prozent der Befragten schätzen unser Verfahren als sicher ein.»

Widersprüchliche Aussagen

Wie verträgt sich das Geschäftsgebaren von Scytl mit den hohen Sicherheits- und Transparenzanforderungen des Bundes?

Wie sicher wird das E-Voting-Angebot der Post?

Und was genau ist der Deal zwischen der Post und dem E-Voting-Riesen aus Spanien?

Seit Ende 2014 ist die Post Kundin von Scytl. Man habe sich für einen privaten Anbieter entschieden, «weil eine Eigenentwicklung zu teuer und risikohaft gewesen wäre», sagt ein Sprecher des Staatsbetriebs.

Für Scytl wiederum ist die Schweiz mit ihrer Staatsform der halbdirekten Demokratie einer der wichtigsten strategischen Märkte.

Zum Thema Transparenz und Überprüfbarkeit des Systems machte Scytl widersprüchliche Aussagen. An einer Fachkonferenz mit dem Titel «Swiss Cyber Storm» hielt Jordi Puiggalí, der langjährige technische Leiter von Scytl, 2017 ein Referat.[28] Als ihn ein Teilnehmer fragte, ob Scytl bereit wäre, den Quellcode offenzulegen, antwortete Puiggalí zunächst ausweichend. Dann fügte er an: Eine Offenlegung, also die Scytl-Kernsoftware unter eine freie Lizenz zu stellen, komme für ihn nicht infrage.

Für die Bundeskanzlei gibt es in diesem Punkt jedoch keinen Spielraum für Verhandlungen. In Artikel 7b der Bundesverordnung über die elektronische Stimmabgabe (VEleS)[29] steht: «Jeder und jede darf den Quellcode zu ideellen Zwecken untersuchen, verändern, kompilieren und ausführen sowie dazu Studien verfassen und diese publizieren.»

Kurz: Alles ist erlaubt, ausser der kommerzielle Handel.

Jeder E-Voting-Anbieter muss sich auf diese Transparenzklausel einlassen. Und jeder, der das System testen will, soll seine Ergebnisse publik machen können, sagt Mirjam Hostettler, Projektleiterin Vote électronique bei der Bundeskanzlei. Das soll vertrauensbildend wirken. Der Begriff «Vertrauen» wird im erläuternden Bericht der Bundeskanzlei[30] mehrfach genannt.

Die Verpflichtung zur Transparenz war auch eine Bedingung in der Ausschreibung der Post, in der Scytl das Rennen machte. «Für Scytl war von Anfang an klar, dass dieses Kriterium Bestandteil der Zusammenarbeit sein wird», bestätigt Sprecherin Gwendolyne Savoy gegenüber der Republik.

Sicher sicher

Zum Thema Sicherheit führt die Post gewichtige Argumente ins Feld, die Bedenken zerstreuen sollen. Anders als im bemerkenswerten Fall der unsicheren Stimmabgabe in Australien soll bei ihrem E-Voting-Angebot die Verifizierung der Stimmbürgerinnen nicht über SMS oder andere digitale Kanäle erfolgen, sondern analog – die Kantone versenden Prüfcodes zur Identifizierung und Verifikation per Briefpost (der Post).

Auch der Systemausfall der Scytl-Technologie in Ecuador ist nicht wirklich relevant für die Schweiz. Davon waren Wahlmaschinen betroffen – in der Schweiz geht es um die Stimmabgabe am Computer zu Hause. Ausserdem wird Scytl den Wahlvorgang in der Schweiz nicht hoheitlich ausführen. De facto soll der Betrieb des E-Voting-Systems bei der Post bleiben, Scytl selbst wird keinen Zugriff auf die Lösung haben, wie die Post bestätigt.

Derzeit lässt die Post ihr E-Voting-Angebot – also das System, das Protokoll, die Software und die Prozesse – von der KPMG, die als Zertifizierungsstelle beim Bund akkreditiert ist, prüfen. Ist die Zertifizierung geschafft, wird der Konzern eine Transparenzoffensive starten – mit der Aufforderung, ihr System zu hacken.

«Öffentliche Intrusionstests» nennt sich dies im Fachjargon. Durch die Offenlegung des Quellcodes, das Bereitstellen eines Testsystems und die Verlockung einer Hackerprämie wird alle Welt eingeladen, die Sicherheit ihres Produkts zu testen. Auch dies verlangt die Bundesverordnung.

Was beim Deal im Dunkeln bleibt

Der Test wird für die Schweizerische Post auch aus Imagegründen entscheidend sein. Denn der Konzern will auf jeden Fall den Eindruck vermeiden, dass die «digitale Demokratie» der Schweiz privatwirtschaftlich betrieben wird. Das E-Voting-System CHVote aus Genf, das 2019 wegen fehlender Zertifizierung nur eingeschränkt eingesetzt werden kann, ist offen und steuerfinanziert. Es ist auf Github abgelegt. Bürgerinnen können es auf dem eigenen Rechner installieren und auf Herz und Nieren prüfen.

Anders bei der Post mit ihrem Partner Scytl. Sie gewährte bisher nur einem kleinen Kreis von Auditoren Zugang zum System.

Im Dunkeln bleibt der Deal zwischen der Post und Scytl. Der spanische Anbieter betonte mehrfach, dass Transparenz ihren Preis habe. Eine Post-Sprecherin bestätigt auf Nachfrage der Republik zwar, man habe keine Sonderlizenzen bezahlen müssen. Doch wie viel Geld die Post für die Technologie von Scytl bezahlt – darüber schweigt sich der staatsnahe Betrieb aus. Eine Interpellation von SVP-Nationalrat Claudio Zanetti[31] zu diesem Thema ist hängig. Die einzige Zahl, die bisher bekannt ist, sind die 250'000 Franken[32], die Bund und Kantone für die Durchführung der Intrusionstests aufwenden.

Die Hacker sind bereit – und waren bislang erfolgreich

Die Kritiker werden trotz der vielen Vorkehrungen des Bundes und der Post nicht verstummen. Denn die Nerds haben ein Totschlagargument auf ihrer Seite: Wie können wir wissen, ob die bald zu testende Software am Wahltag im Oktober 2019 auch tatsächlich zum Einsatz kommt – oder eine andere?

«Selbst unter Idealbedingungen wäre das Vertrauensproblem nicht gelöst, da die Bürgerinnen nicht überprüfen können, ob der veröffentlichte Quellcode wirklich verwendet wird», sagt Hernani Marques vom Chaos Computer Club, einer der engagiertesten E-Voting-Kritiker.

Mirjam Hostettler von der Bundeskanzlei lässt dieses Argument nicht gelten: «Die Betreiber müssen bei Updates aufzeigen, welche Funktionen geändert haben. Sind es viele Funktionen, ist eine erneute Zertifizierung fällig.»

Womöglich können wir uns auf eine «Hacker-Show» gefasst machen. Denn Softwareentwickler Marques möchte mit seinen Kollegen das E-Voting-Angebot der Post simulieren und knacken. «Wir können vor laufender Kamera zeigen, wie die Systeme so unterwandert sein können, dass alles dem System nach sauber aufgeht, die Ergebnisse aber trotzdem nicht dem Wählerinnenwillen der an der Simulation beteiligten Gruppe entsprechen.»

Es wäre nicht das erste Mal, dass auf diese Weise E-Voting-Projekte gebodigt werden. Im Fall von Genf hackte 2013 ein Informatiker namens Sébastien Andrivet[33] das System. Daraufhin wurde die individuelle Verifizierbarkeit eingeführt. Nachdem der Chaos Computer Club auch auf dieses System einen Hackerangriff durchführte, verkündete der Kanton Genf einige Wochen später[34], sein E-Voting-Angebot einzustellen.

Das Dilemma bleibt unlösbar

Deshalb zeigt sich SVP-Nationalrat Franz Grüter auch unbeeindruckt von der Transparenzoffensive der Post: «Unser Land ist nicht darauf vorbereitet, Cyber-Angriffe zu erkennen und abzuwehren.» Der Initiant der Initiative für ein Moratorium gegen E-Voting steht kurz davor, mit der

Unterschriftensammlung zu starten. Das Abstimmungskomitee[35] ist breit und bunt: Juso-Präsidentin Tamara Funiciello sitzt ebenso darin wie JSVP-Präsident Benjamin Fischer oder Balthasar Glättli, der Nationalrat der Grünen.

Noch ist eine grosse Mehrheit der Schweizer Bevölkerung gegenüber E-Voting positiv eingestellt. Die wenigsten interessieren sich für die technische Debatte. Laut der letzten Umfrage[36] des Zentrums für Demokratie sei es den meisten egal, ob der Quellcode publiziert werde oder nicht, sagt Politologe Uwe Serdült.

Dennoch ist die Post nervös. Zwar muss sie vorerst noch nicht die Bevölkerung von ihrem Angebot überzeugen. Wohl aber die politischen Verantwortlichen in den Kantonen. Und diese mögen E-Voting immer weniger. Der Kanton Zürich[37] überlegt sich einen Rückzug, Glarus[38] hat sein Vorhaben beerdigt, und auch im Aargau[39] sind die Politikerinnen skeptisch geworden. Derzeit sind nur Basel, Fribourg, Neuenburg und Thurgau E-Voting-Partner der Post.

Finden sich aufgrund der wachsenden Zweifel keine Abnehmer mehr, so ist das Projekt E-Voting gescheitert, bevor überhaupt das entsprechende Gesetz angepasst worden ist.[40] Im Wahljahr 2019 würden die meisten Schweizer dann immer noch mit Stift und Papier abstimmen.

Und auch wenn die Überprüfungen und Tests des Post-Produkts einwandfrei sein sollten, zeigt der Fall Scytl ein Dilemma auf: Demokratisch gewählte Regierungen sind auf das Vertrauen ihrer Stimmbürger angewiesen und müssen transparent kommunizieren.

Eine private, profitorientierte Firma, die eine staatspolitisch zentrale Dienstleistung erbringt, möchte ihre Produkte an möglichst viele Kunden verkaufen und dabei Geschäftsgeheimnisse wahren.

Beide Interessen sind letztlich nicht miteinander vereinbar.

Recherche-Update vom Juni 2020

Das E-Voting-Experiment entwickelte sich zum veritablen Fiasko. Die Qualität des veröffentlichten Quellcodes im Frühjahr 2019 wurde von allen Seiten kritisiert. Auch meine Kollegen Patrick Recher, Andreas Moor und ich kamen zum Schluss[41], dass das Material nicht wirklich brauchbar war. «Was fehlt: eine Anleitung, wie die zahlreichen Komponenten und Dienste in Betrieb genommen werden und wie sie miteinander kommunizieren können.» So lautete unser Fazit.

Der Quellcode der E-Voting-Software der Post wurde von einem Unbekannten geleakt – entgegen der Nutzungsbedingungen der Post – und auf Github gestellt, so dass nun Fachleute aus der ganzen Welt das System auf Schwachstellen absuchen und überprüfen könnten. Mitte März folgte dann der nächste Rückschlag. Die Sicherheitsforscherinnen Sarah Jamie Lewis[42], Olivier Pereira und Vanessa Teague haben zwei schwere Mängel an einer zentralen Komponente des Systems entdeckt. Die erste Schwachstelle betraf die universelle Verifizierbarkeit.[43] Diese ermöglicht einem Insider mit Zugriff auf das System, das Ergebnis einer Abstimmung zu manipulieren, ohne dass dies bei der Überprüfung entdeckt würde. Zum anderen können Insider gültige Stimmen[44] für ungültig erklären und zum Verschwinden bringen, ohne dass dies in jedem Falle bemerkt werden würde.

Die Forscherinnen betrachten den Fehler als so gravierend, dass «die Integrität des übrigen Codes infrage gestellt wird»[45], wie Sarah Jamie Lewis gegenüber der Republik bemerkte. Das E-Voting-Projekt der Post galt also bereits im Frühsommer als gescheitert, die Bundeskanzlei erteilte der vorgesehenen Nutzung für die eidgenössischen Wahlen eine Absage. Die Bundesbehörde drückte im Sommer 2019 den Reset-Button. Sie ist immer noch daran, neue Versuchsanordnungen und Bewilligungsgrundlagen für E-Voting zu definieren, dieses Mal mit enger Konsultation von ausgewiesenen WissenschaftlerInnen der Kryptologie, Politikwissenschaft und Mathematik.[46] Der neu zusammengesetzte Nationalrat stoppte im Herbst sogar den Versuchsbetrieb[47], die staatspolitische Kommission des Ständerats will jedoch an E-Voting festhalten[48]. Die Post will ebenfalls über die Bücher gehen und möchte ein eigenes E-Voting-System vorantreiben. Sie kaufte den Scytl-Quellcode und übernahm alle Rechte an der Software, inklusive Vertrieb für die Schweiz. Die Zusammenarbeit mit dem globalen E-Voting-Unternehmen ist damit beendet, das spanische Unternehmen hat im Mai wegen der Pandemie-Krise in Spanien Konkurs angemeldet. E-Voting wird also im Jahr 2021 ein weiteres Kapitel aufschlagen. Die Post beteuerte an einer virtuellen Medienkonferenz, anders als in den Vorjahren, eng mit der IT-Community zusammenzuarbeiten.[49]

Quellen

1 <https://novobrief.com/scytl-pere-valles-interview/3479/>

2 <https://e-voting-moratorium.ch/>

3 <https://www.scytl.com/wp-content/uploads/2013/04/Internet-Voting-Embracing-Technology-in-Electoral-Processes.pdf>

4 <https://www.pehub.com/2014/04/vulcan-capital-invests-40-mln-in-scytl/>

5 <https://documentmedia.com/article-2078-Scytl-Selects-IRISXtracttrade-for-Documents-to-Support-Innovate-Democracy.html>

6 <https://www.crunchbase.com/organization/scytl#section-funding-rounds>

7 <https://novobrief.com/scytl-pere-valles-interview/3479/>

8 <https://web.archive.org/web/20160311161954/http://www.informilo.com/2015/11/how-spanish-start-up-scytl-is-innovating-democracy/>

9 <https://www.elespanol.com/economia/empresas/20170905/244475764_0.html>

10 <https://novobrief.com/scytl-pere-valles-interview/3479/>

11 <https://www.scytl.com/en/scytl-acquires-soe-the-leading-election-software-company-in-the-united-states/>

12 <https://www.scytl.com/en/scytls-solutions-used-by-1400-jurisdictions-during-the-u-s-presidential-election/>

13 <https://vimeo.com/51684209>

14 <https://vimeo.com/133963278>

15 <https://www.youtube.com/watch?v=VIiScwoiSd8&t=422s>

16 <https://web.archive.org/web/20160311161954/http://www.informilo.com/2015/11/how-spanish-start-up-scytl-is-innovating-democracy/>

17 <https://de.wikipedia.org/wiki/Skytale>

18   <https://web.archive.org/web/20160311161954/http://www.informilo.com/ 2015/11/how-spanish-start-up-scytl-is-innovating-democracy/>

19   <https://web.archive.org/web/20160311161954/http://www.informilo.com/ 2015/11/how-spanish-start-up-scytl-is-innovating-democracy/>

20   <https://votodigital.wordpress.com/2014/07/25/unasur-alaba-al-voto-electro- nico-en-ecuador-pero-reprueba-sistema-de-scytl/>

21   <https://votodigital.wordpress.com/2014/04/24/por-que-fallo-la-automatiza- cion-de-scytl-en-ecuador/>

22   <https://arxiv.org/pdf/1504.05646.pdf>

23   <https://arstechnica.com/features/2016/11/internet-based-and-open-source- how-e-voting-is-working-around-the-globe/>

24   <https://www.parliament.vic.gov.au/images/stories/committees/emc/ 2010_Election/submissions/14_Scytl_EMC_Inquiry_No.6.pdf>

25   <https://people.eecs.berkeley.edu/~daw/papers/scytl-odbp.pdf>

26   <https://www.verifiedvoting.org/wp-content/uploads/2014/09/Nor- way-2012-Public-Review-of-E-voting-Source-Code-Lessons-Learnt-from-E- vote-2011.pdf>

27   <https://www.bfh.ch/ti/de/ueber-das-ti>

28   <https://2017.swisscyberstorm.com/2017/09/26/Introducing_Jordi_Puig- gali.html>

29   <https://www.admin.ch/opc/de/classified-compilation/20132343/index.html>

30   <https://www.bk.admin.ch/dam/bk/de/dokumente/pore/Erl%C3%A4utern- der%20Bericht%20Revision%20VEleS%202018.pdf.download.pdf/ Erl%C3%A4uternder_Bericht_Revision_VEleS_DE.pdf>

31   <https://www.parlament.ch/de/ratsbetrieb/suche-curia-vista/geschaeft?Af- fairId=20181083>

32   <https://www.inside-it.ch/articles/50445>

33   <https://www.rts.ch/info/regions/geneve/5081399-le-systeme-de-vote-elec- tronique-a-geneve-presenterait-des-failles.html>

34   <https://www.srf.ch/news/schweiz/elektronische-abstimmungen-hacker-fin- den-schwachstelle-im-groessten-schweizer-e-voting-system>

35   <https://e-voting-moratorium.ch/initiativkomitee/>

36   <https://www.zora.uzh.ch/id/eprint/127938/>

37   <https://www.inside-it.ch/articles/53118>

38   <https://www.srf.ch/news/regional/ostschweiz/abstimmung-nicht-online- glarus-weiterhin-ohne-e-voting>

39   <https://www.ag.ch/grossrat/grweb/de/195/Detail%20Gesch%C3%A4ft?Pro- zId=4030859>

40   <https://www.admin.ch/gov/de/start/dokumentation/medienmitteilungen/ bundesrat.msg-id-73491.html>

41   <https://www.republik.ch/2019/02/15/postschiff-enterprise>

42 <https://twitter.com/SarahJamieLewis>

43 <https://www.republik.ch/2019/03/12/gravierender-mangel-am-e-voting-system-der-post-entdeckt>

44 <https://www.nzz.ch/schweiz/hacker-entdecken-weitere-fehler-im-e-voting-system-der-post-ld.1469844?reduced=true>

45 <https://www.republik.ch/2019/03/12/gravierender-mangel-am-e-voting-system-der-post-entdeckt>

46 <https://www.bk.admin.ch/bk/en/home/dokumentation/medienmitteilungen.msg-id-79556.html#downloads>

47 <https://www.nau.ch/politik/bundeshaus/nationalrat-stoppt-e-voting-auch-standerat-soll-auf-junge-horen-65626310>

48 <https://www.digitale-gesellschaft.ch/2020/02/01/bund-will-e-voting-weiterentwickeln-trotz-drei-fehlversuchen/>

49 <https://www.netzwoche.ch/news/2020-05-27/die-post-will-auf-die-it-community-zugehen>

Europa vs. Big Tech

Milliardenbussen, Digitalsteuern, Urheberrechte: Die EU geht gegen Internetkonzerne vor – und ändert die Spielregeln der digitalen Wirtschaft. Mit welchen Folgen? Analyse eines politischen Projekts, das noch vor kurzem als undenkbar galt.

Erschienen in der Republik, 03. Mai 2019

Banken, Verteidigung, Flüchtlinge: In vielem sind sich die Mitglieder der Europäischen Union (EU) uneinig oder gar zerstritten. Doch es gibt ein Politikfeld, in welchem Europa geeinter denn je auftritt: die Netzpolitik.

In keinem Bereich wurden in der vergangenen Legislatur so viele Regelwerke verabschiedet und wegweisende Urteile gefällt. In keiner anderen Domäne scheint sich die Bevölkerung so einig zu sein. Die Privatsphäre muss im Internet geschützt werden: Über 70 Prozent der Europäer befürworten gemäss einer Umfrage eine strenge Kontrolle von Algorithmen. Dieses Anliegen durchzusetzen, hat sich Brüssel auf die Fahne geschrieben. Und tritt dazu als neue regulatorische Supermacht auf.

Eine Macht, die von den Big-Tech-Playern zunehmend respektiert, ja sogar umschmeichelt wird. So weibelt Microsoft-Chef Satya Nadella neuerdings für strenge Regeln bei der Gesichtserkennung.[1] Apple-Chef Tim Cook erhebt die Datenschutz-Grundverordnung (DSGVO) sogar zum Menschenrecht.[2] Und selbst Facebook-Chef Mark Zuckerberg propagiert das europäische Modell seit neuestem als globalen Standard.[3]

Auch die US-Politik springt auf den Zug auf: Kalifornien, die Heimat der meisten Tech-Konzerne, hat im vergangenen Juni ein Äquivalent zur DSGVO[4] verabschiedet. Die demokratische Senatorin Elizabeth Warren wurde sogar so weit von Europa inspiriert, dass sie die Zerschlagung der GAFA[5] (steht für: Google, Apple, Facebook, Amazon) in ihr Wahlprogramm fürs Präsidentenamt aufgenommen hat.

Mehr Europa wagen: Emmanuel Macrons Wahlkampfslogan wird jetzt im Silicon Valley zum Modetrend. Der Wind hat gedreht: Anfangs belächelten amerikanische Journalismusprofessoren wie Jeff Jarvis die «German Angst»[6] vor Technologien noch. Heute, nach fünf Jahren Fake-News-Debatte und Datenraubskandalen, nehmen sie die Ideen des «alten Europa» ernst.

Zu Recht – denn die EU und ihre Mitglieder meinen es tatsächlich ernst. Für die Big-Tech-Konzerne steht nicht weniger als die Grundregeln der digitalen Datenwirtschaft auf dem Spiel.

Kein Konzern bekam dies so stark zu spüren wie Google beziehungsweise dessen Mutterkonzern Alphabet.

1. Milliardenbussen gegen Google und Co.

Die EU-Kommission hat den Internetriesen gleich mehrfach gebüsst: Für die Ausnutzung seiner marktbeherrschenden Stellung, für die prominente «Google Shopping»-Platzierung, für die Vorinstallation eigener Apps auf dem Android-Betriebssystem und wegen der Ausnutzung des eigenen Werbenetzwerks AdSense[7] musste der Konzern insgesamt 8,2 Milliarden Euro bezahlen. Selbst für Google ist das eine schmerzhafte Summe.

Auch **Facebook** wurde von der EU gebüsst. 110 Millionen Euro muss das soziale Netzwerk[8] wegen falscher Angaben zur Übernahme von Whatsapp im Jahr 2014 hinblättern. Europa hatte den Deal nur unter einer Voraussetzung durchgewinkt: Die Telefonnummern dürfen nicht mit dem Mutterkonzern verknüpft werden. Doch genau das hat Facebook zwei Jahre später getan.

Das deutsche Bundeskartellamt[9] beobachtet derzeit sehr kritisch, ob die geplante technische Zusammenführung von **Instagram, Whatsapp, Facebook Messenger** und Facebook zu einem nahezu abgeschlossenen Kommunikationsraum einen Missbrauch von Marktmacht darstellt.

Führende Figur bei all den Urteilen aus Brüssel ist die EU-Wettbewerbs-kommissarin **Margrethe Vestager**. Sie gilt als Superstar des Juncker-Kabinetts. Vor fünf Jahren erbte sie den Sitz von Joaquín Almunia, der das Verfahren gegen Google eröffnet hatte – und schaltete gleich einen Gang höher. Ab 2016 erfolgten die ersten Urteile gegen die Tech-Konzerne, Schlag auf Schlag ging es mit Steuerurteilen gegen Luxemburg[10] und Irland[11] weiter.

Vestagers Ziel: mehr fairer Wettbewerb. Das Mittel: schmerzhafte Bussen.

Milliardenbussen gegen GAFA

Mittel: Unternehmen, die ihre marktbeherrschende Stellung missbrauchen, müssen gebüsst werden.

Zweck: Die Marktmacht der grössten Konzerne zu brechen und einen faireren Wettbewerb zu ermöglichen.

Folgen: Sie können von der Abspaltung einzelner Geschäftsfelder bis zur Zerschlagung grösserer Konzerne reichen.

Vestager hat schon durchblicken lassen, dass sie weitere Klagen gegen Google prüft[12]: wie beispielsweise jene des Konkurrenten **Yelp** zu «Local Search» und «Jobs». Sie hat auch eine vorläufige kartellrechtliche Untersuchung[13] gegen den E-Commerce-Riesen **Amazon** eingeleitet. Ihr Team sammelt derzeit Beweismaterial von Anbietern, die ihre Produkte auf dem Portal vertreiben. Der Verdacht: Amazon werte sensible Verkaufsdaten von Drittparteien aus und nutze dieses Wissen für die Entwicklung eigener Produkte.

Aus Vestagers Sicht missbraucht Amazon damit seinen Wissensvorteil. Die Dänin möchte das EU-Kartellrecht umfassend reformieren[14]. Google und Amazon sollen gar nicht erst auf die Idee kommen, eigene Produkte zu entwickeln. Denn sie seien wie Sportverbände: Sie setzten die Spielregeln fest, ethische Standards, wie mit Doping umzugehen sei. «Sie haben aber keine eigenen Mannschaften, die in Wettbewerben antreten.» Eine ähnliche Beschwerde[15] ist von Spotify gegen den Konzern Apple eingegangen.

In den Brüsseler Urteilen gegen die GAFA manifestiert sich eine grundsätzliche Differenz zu anderen Wirtschaftsräumen. In den USA werden Monopole nur dann als Gefahr betrachtet, wenn es einen nachweisbaren Schaden für die einzelne Bürgerin gibt.

Auch in der Schweiz geht die Wettbewerbskommission sogar davon aus, dass die gigantische Grösse der GAFA in erster Linie etwas Gutes ist. «Eine solche kann das gewünschte Resultat einer besseren Leistung für die Kundinnen und Kunden sein und ist an sich kein Problem», sagt der stellvertretende Weko-Direktor Frank Stüssi zur Republik. Dazu kommt, dass man bei geplanten Fusionen eher grosszügig ist: Hierzulande war etwa die Facebook-Übernahme von Whatsapp nicht einmal meldepflichtig.

In der EU ist man ungleich skeptischer gegenüber der Marktmacht, die sich aus der schieren Anzahl der Nutzer auf einer Plattform ergibt. Wer einen populären Marktplatz anbietet, so Vestagers Überzeugung, soll darin nicht noch eigene Produkte verkaufen dürfen.

Die Politik in der Europäischen Union – einem Markt von 500 Millionen Menschen – scheint fest entschlossen, dem Silicon Valley die Stirn zu bieten.

Gerade auch in einem ökonomischen Schlüsselbereich: bei den Steuern.

2. Eine neue Digitalsteuer

Hier ist die Ausgangslage eindeutig: Datenkonzerne zahlen in der EU zu wenig Unternehmenssteuern. Oder zumindest nicht den Steuersatz, den andere, gewöhnliche Betriebe zahlen.[16] Die Chefetagen von Google und Co. rechtfertigen das meistens so: Die Wertschöpfung – die Auswertung und algorithmische Verarbeitung von Daten – finde nicht in Europa statt.

Das Argument verfängt in Ländern wie Frankreich und Deutschland nicht mehr. Darum wird hier intensiv über eine sogenannte Digitalsteuer diskutiert. Sie will Unternehmen, die europäischen Konsumenten Internetwerbung anzeigen, unabhängig von deren Firmensitz stärker zur Kasse bitten.

Frankreichs Präsident **Emmanuel Macron** gibt dabei das Tempo[17] vor. Die Abgeordneten haben jüngst einem entsprechenden Vorhaben zugestimmt, Frankreich erhofft sich davon 400 Millionen Euro Einnahmen. Bereits zuvor hatte Macron rückwirkend für die vergangenen zehn Jahre über 500 Millionen Euro[18] an Steuernachzahlungen von Amazon und Apple erfolgreich eingefordert.

Digitalsteuer

Mittel: Globale Internetkonzerne, die sich mit Onlinewerbung finanzieren, sollen eine Digitalabgabe von 3 Prozent ihres Umsatzes entrichten.

Zweck: Gerechtere Abschöpfung und Umverteilung der Gewinne, die Internetkonzerne mit den Daten von europäischen Nutzern erzielen.

Folgen: Schrumpfende Gewinne für die Internetkonzerne, falls das Modell von der OECD anerkannt wird und in der ganzen Welt zur Anwendung kommt.

Unterstützung erhält der Franzose von Österreichs Bundeskanzler **Sebastian Kurz**. Seine Regierung veröffentlichte vor wenigen Wochen eigene Pläne für eine Digitalsteuer. Kritik daran wurde allerdings laut[19], weil das Gesetz Google und Facebook gezwungen hätte, IP-Adressen zur Identifizierung von Österreichern im Internet sieben Jahre lang aufzubewahren. Und dies nicht einmal anonym. Der Vorschlag wird derzeit wieder überarbeitet.[20]

Ob eine Digitalsteuer auf EU-Ebene eingeführt wird, ist offen. Steuerfragen verlangen Einstimmigkeit. Und mehrere EU-Staaten[21] treten beim Thema auf die Bremse: Insbesondere die Finanzminister von Irland (europäischer Sitz von Facebook, Google und Apple) und Luxemburg, aber auch von Schweden (Sitz von Spotify) sind skeptisch. In Brüssel wartet man daher ab und spekuliert auf die OECD. Diese könnte bis 2020 eine Digitalsteuer für verbindlich erklären.[22] Dadurch würde Europa keine Standortnachteile erleiden.

Die **Schweiz** hat es bei der Digitalsteuer dagegen nicht eilig. Finanzminister Ueli Maurer war zwar noch 2017 sehr angetan von der Idee.[23] Sein Departement relativierte aber diesen Januar.[24] Solche neuen Interimsmassnahmen könnten zu einer «Überbesteuerung» führen, sagt Sprecher Frank Wettstein zur Republik. Trete die OECD-Vorgabe aber im Jahr 2020 in Kraft, so werde der Bundesrat seine Position sicherlich wieder korrigieren.

Egal ob die Schweiz mitmacht, absehbar ist: Die Staatengemeinschaft wird – angeführt von der Europäischen Union – die Steuerschrauben anziehen.

Doch die EU will noch mehr. Nicht nur an den Staat sollen mehr Gelder fliessen: Auch die Künstlerinnen und Autoren sollen stärker an den Bezahlströmen beteiligt werden. Denn mit deren Inhalten verdienen sich Google, Facebook und Co. eine goldene Nase. Dies beschlossen die EU-Institutionen vor kurzem.

3. Geschützte Urheberrechte

Und zwar mit der sogenannten Urheberrechtsreform. Sie wurde im März vom Europäischen Parlament abgesegnet und am 15. April im EU-Ministerrat formell bestätigt. Die Richtlinie[25] enthält insgesamt 22 Artikel. Die heftigsten Diskussionen entstanden wegen deren zwei: Artikel 15 und 17.

Artikel 15 (vormals 11) besagt, dass Google News in seiner Linkvorschau keine Artikel von Medien mehr zusammenfassen darf – es sei denn, der Konzern bezahlt dafür.

Artikel 17 (vormals 13) stellt Plattformen wie Youtube gewissermassen ein Ultimatum: Entweder schliessen sie Lizenzverträge mit allen Künstlern ab, oder sie leiten «angemessene und verhältnismässige Massnahmen» ein, um die Werke von ihren Usern angemessen vor Gratiskopien zu schützen. Es ist davon auszugehen, dass dieser Schutz nur durch Vorab-Scanning, sprich: mit automatisierten Filtersystemen bewerkstelligt werden kann.

Hinter dem Gesetz steckt eine hehre Absicht. Im Internet soll nicht mehr die uneingeschränkte Copy-Paste-Wirtschaft herrschen, sondern ein System, das auf die eigentlichen Urheber von Inhalten mehr Rücksicht nimmt.

Urheberrechtsreform

Mittel: Wenn über Suchmaschinen oder Videoplattformen Material gezeigt wird, soll der Urheber dieses Materials entschädigt werden.

Zweck: Eine bessere Balance der Einnahmen; Künstler und Medienhäuser sollen mehr Geld, die Plattformen weniger Geld erhalten.

Folgen: Schwer absehbar: Sie reichen von einer Linksteuer bis zu Upload-filtern, die die Plattformen installieren würden. Kritiker sprechen von drohender Zensur.

Kritikerinnen fürchten allerdings ein «kaputtes Internet», in dem die kreative Weiterbearbeitung in Form von zum Beispiel Remixes oder Memes nicht mehr möglich sein wird. Filter seien zudem fehlerhaft und würden Parodie und Satire nicht erkennen, wird bemängelt. Die Ängste sind begründet: Zwar kommt das Wort Uploadfilter im Entwurf nicht vor. Doch wie sonst sollen Plattformen das hinaufgeladene Video- und Song-material – 400 Stunden Inhalt pro Minute[26] auf Youtube – sichten?

Pikant ausserdem: 2012 hat der Europäische Gerichtshof Uploadfilter für grundrechtswidrig[27] erklärt. Es könnte daher bald erneut zu einer Klage-welle kommen.

Die Kommission Juncker hat die Urheberrechtsreform aufgegleist. Im Rechtsausschuss federführend und in der öffentlichen Debatte sehr präsent war der deutsche CDU-Abgeordnete **Axel Voss**. Er hat sich für Artikel 17 besonders starkgemacht.[28] Als geistiger Vater des Leistungsschutzrechts für Medienhäuser, Artikel 15, gilt der deutsche Verlagschef **Mathias Döpfner**. In Deutschland existiert das Leistungsschutzrecht seit 2013, es warf jedoch aufgrund von Gratislizenzen für Google bisher noch keinen Cent ab.

Die Länder haben nun rund zwei Jahre Zeit, die Reform in nationales Recht zu übersetzen. Im dümmsten Fall entstehen 27 unterschiedliche Gesetze.

Die **Schweizer Verlage** müssen wohl auf den potenziellen neuen Geldtopf verzichten. Hier hat die Medienlobby die Gelegenheit gepackt und das Leistungsschutzrecht in eine eigene Urheberrechtsreform gesteckt.[29] Die entsprechenden Passagen sind Artikel 37a (Leistungsschutzrecht für die Verleger) und der Zusatzartikel 13b (Vergütung für die Werke von Journalisten). Die Ständeratskommission strich die beiden Artikel diese Woche.[30]

So oder so wird Europas Artikel 17 aber auch für hiesige Youtuberinnen oder Blogger Folgen haben. Denn die Technologiefirmen werden die Schweiz nicht anders behandeln als die EU-Länder. Genau so, wie es schon bei der DSGVO der Fall[31] gewesen ist.

4. Datenschutz für die Nutzer

Es ist ein Monster-Regelwerk[32], das am 24. Mai 2018 in Kraft getreten ist. An diesem Datum wurde die Beweislast in Sachen Datenschutz umgekehrt: Nicht mehr der Internetnutzer sollte sich ständig wehren müssen, sondern die Unternehmen sollten haftbar gemacht werden können – für unnötige Datenerhebungen, für Datenlecks und für die Sicherheit ihrer Kunden.

Damit Vergehen auch wirklich wehtun, sollen künftig Bussgelder fliessen: bis zu 4 Prozent des Umsatzes.[33] Und die Unternehmen müssen liefern. Die Datenschutzrichtlinien sind für das digitale Zeitalter upgedatet worden.

Datenschutz-Grundverordnung DSGVO

Mittel: Plattformen müssen explizite Zustimmung von Nutzern zum Speichern ihrer Daten einholen und eine Kopie davon den Nutzern zur Verfügung stellen.

Zweck: Die Rechte von Nutzern zu stärken und den Wettbewerb unter den Plattformen zu stärken. Das Prinzip «The Winner Takes All» soll gebrochen werden, damit es weniger Monopole im Internet gibt.

Folgen: Datensammlungen über Europäer wurden minimiert. Ob die Idee funktioniert, mittels DSGVO den Wettbewerb zu stärken, ist noch unklar.

Als einer der Väter der DSGVO gilt **Jan Philipp Albrecht**, ein grüner Politiker, der sich auf IT-Recht spezialisiert hat. 2012[34] wurde er Berichterstatter des Europäischen Parlaments. Albrecht handelte einen Kompromiss aus 4000 Änderungsanträgen[35] aus und konnte sich gegen die mächtige Lobby der Technologiekonzerne durchsetzen. Sie können nun eingeklagt werden.

Der Klagen angenommen hat sich eine Reihe von Aktivisten. Der grösste Coup gelang dem österreichischen Juristen **Maximilian Schrems**, bekannt als der Sieger des Safe-Harbour-Prozesses[36]. Seine Rüge: Obwohl von der DSGVO explizit verboten, verfolgten die grossen Datenkonzerne weiterhin den «Friss oder stirb»-Ansatz – entweder setzte die Nutzerin überall ihr Häkchen hin, oder sie wurde gezwungen, ihr Benutzerkonto zu löschen.

Dies widersprach dem Geist der DSGVO: Genau mit diesen Spielchen sollte eigentlich Schluss sein. Schrems reichte vier Klagen[37] ein gegen diesen «nordkoreanischen Einwilligungsprozess». Und gewann mit seiner Organisation NOYB («none of your business») bereits die erste Runde.

Nach einer Klage von NOYB hat die französische Datenschutzbehörde CNIL eine Busse über 50 Millionen Euro[38] gegenüber Google verhängt. Es ist bisher die höchste Strafe einer europäischen Datenschutzbehörde. Facebook und ihre Tochterfirmen Instagram und Whatsapp sind als Nächstes[39] dran. Das grösste soziale Netzwerk wird sich aufgrund seines schwerwiegenden Datenlecks von September 2018[40] zudem auf eine Geldstrafe von 1,63 Milliarden Dollar gefasst machen müssen. Die Untersuchung der irischen Datenschutzbehörde ist demnächst abgeschlossen. Wegen mangelnder DSGVO-Kompatibilität will sich die Organisation NOYB auch Streamingdienste[41] wie Netflix vorknöpfen. In einem Test zeigte sich, dass das «Recht auf Auskunft» gemäss Artikel 15 der Verordnung ungenügend umgesetzt sei.

In der EU soll Mitte 2019[42] die **E-Privacy-Verordnung** weiterverhandelt werden. Sie konkretisiert das sehr abstrakt formulierte DSGVO-Regelwerk. Damit soll endgültig klar sein, wann Tracking auf Websites erlaubt ist und wann nicht.

Die europäischen Datenschutzinitiativen sind ein politischer Erfolg. Noch nicht erfüllt haben sich jedoch die ökonomischen Erwartungen an die DSGVO.

Es gibt kaum geeignete Software für die Portabilität persönlicher Daten. Zwar hatten Google, Twitter, Microsoft und Facebook 2017 gemeinsam das **Data Transfer Project** angekündigt[43]: Damit sollte es möglich werden, beispielsweise Fotos mit wenigen Klicks von Google zu Microsoft zu migrieren. Um das Vorhaben wurde es jedoch erstaunlich ruhig.

Die **Schweiz** ziert sich. Ihr Datenschutzrecht aus dem Jahr 1992 wurde zwar einem digitalen Update unterzogen, wird aber erst nach den eidgenössischen Wahlen[44] endgültig legiferiert. Die Wirtschaftsverbände hatten einen ersten EU-kompatiblen Entwurf des Bundesrats kritisiert. Der zweite Entwurf wurde entschärft[45] und verwässert: Grundsätze wie «Privacy by Design» wurden zwar übernommen, bleiben aber bei Nichteinhaltung aufgrund von niedrigen Sanktionsmöglichkeiten zahnlos. Die genaue Ausgestaltung der Revision wird einer der wichtigsten Schwerpunkte der neuen Legislatur.

Fazit

Mit ihren Regulierungsbestrebungen verfolgt die EU zwei Ziele: den Schutz der Privatsphäre und mehr Wettbewerb. Digitale Bürgerrechte sind also kein Selbstzweck, sondern sollen gleichzeitig den Binnenmarkt stimulieren. Hinter der Datenschutzbürokratie steckt somit auch ein ökonomisches Kalkül: Die Datensilos der GAFA-Konzerne sollen gebrochen und die Chancen von kleinen Start-ups vergrössert werden.

Das ist nicht uneigennützig: Auf einer Liste der 200 grössten Internetfirmen figurieren gerade mal acht Europäer[46]. Es gibt ausser SAP, Soundcloud und Spotify kaum bekannte und erfolgreiche europäische Tech-Konzerne.

Die mächtigen Tech-Konzerne aus dem Silicon Valley verfolgen mit ihrem Schrei nach mehr Regulierung ebenfalls ein ökonomisches Kalkül: Je umfangreicher die Regelwerke, desto grösser werden auch die IT-Budgets, die für Dinge wie eine sichere Datenspeicherung und -migration nötig sind. Für neue Konkurrenten mit datengetriebenen Geschäftsmodellen könnte sich der Marktzugang dadurch sogar noch erschweren. Neue Gesetzeswerke bedeuten auch höhere Eintrittshürden. Und das hatten Europas Politikerinnen sicher nicht beabsichtigt.

Immerhin hat Brüssel eine Lektion aus der DSGVO gelernt: Die unerbittliche deutsche Abmahnindustrie[47] knöpfte sich kurz nach Inkrafttreten vor allem die «Kleinen» vor. Deswegen wurde bei der Urheberrechtsreform in diesem Punkt nachgebessert: Artikel 17 gilt nur für Plattformen mit mindestens 10 Millionen Euro Umsatz und mindestens 5 Millionen Besuchern pro Monat. Sprich: für GAFA.

EU vs. Big Tech – Wettbewerb gegen Monopol: Wer sich durchsetzt, ist offen.

Ziemlich sicher ist, dass der Regulierungselan auch über die anstehenden EU-Wahlen hinaus Bestand haben wird. Die Konservativen, Sozialdemokraten, Liberalen und Grünen bekennen sich fast unisono zum Datenschutz. Sie haben die meisten Gesetzesprojekte zur Internetregulierung vorangetrieben. Die prognostizierten Sitzgewinne von Rechtspopulisten dürften kaum ausreichen, um diese Mehrheit zu brechen.

Quellen

1   <https://www2.cso.com.au/article/656710/microsoft-ceo-bring-regulation-facial-recognition/>

2   <https://twitter.com/tim_cook/status/1055035539915718656>

3   <https://edition.cnn.com/2019/03/30/tech/facebook-mark-zuckerberg-regulation/index.html>

4   <https://gdpr.report/news/2018/09/19/california-2020-the-effect-of-gdpr-coming-into-play/>

5   <https://www.welt.de/wirtschaft/article190052869/Elizabeth-Warren-Top-Politikerin-will-Amerikas-Tech-Giganten-zerschlagen.html>

6   <https://www.horizont.net/medien/nachrichten/Kritik-Jeff-Jarvis-wirft-Deutschland-Technopanic-vor-130227>

7   <https://www.theverge.com/2019/3/20/18270891/google-eu-antitrust-fine-adsense-advertising>

8   <https://www.heise.de/newsticker/meldung/WhatsApp-Uebernahme-EU-verlangt-110-Millionen-Euro-Strafe-von-Facebook-3716526.html>

9   <https://www.bundeskartellamt.de/SharedDocs/Meldung/EN/Pressemitteilungen/2019/07_02_2019_Facebook.html>

10 <https://www.srf.ch/news/wirtschaft/busse-gegen-amazon-eu-wettbewerbskommissarin-vestager-hat-zaehne-gezeigt>

11 <https://www.nzz.ch/wirtschaft/apple-zahlt-in-eu-steuerstreit-14-milliarden-euro-auf-treuhandkonto-ld.1421179>

12 <https://www.washingtonpost.com/technology/2019/03/20/google-fined-nearly-billion-ad-practices-that-violated-european-antitrust-laws/>

13 <https://www.cnbc.com/video/2019/03/28/watch-cnbcs-full-interview-with-eu-competition-commissioner-margrethe-vestager.html>

14   <https://edition.faz.net/faz-edition/seite-eins/2019-04-15/
f0781924fca310504037c0913b846b5c/?GEPC=s9>

15   <https://www.zeit.de/2019/13/spotify-apple-musikstreaming-beschwerde-eu-
kommission>

16   <https://www.sueddeutsche.de/wirtschaft/unternehmenssteuern-gruene-
eu-1.4296481>

17   <https://www.heise.de/newsticker/meldung/Frankreich-vs-GAFA-Abgeord-
nete-stimmen-fuer-Digitalsteuer-4367571.html>

18   <https://www.heise.de/mac-and-i/meldung/Apple-musste-Steuern-in-Frank-
reich-nachzahlen-angeblich-500-Millionen-Euro-4298116.html>

19   <https://futurezone.at/netzpolitik/digitalsteuer-fuehrt-zu-massiver-ueberwa-
chung-aller-internet-user/400457806>

20   <https://futurezone.at/netzpolitik/digitalsteuer-finanzamt-will-ip-adressen-
anonymisieren/400460683>

21   <https://www.nzz.ch/wirtschaft/eu-digitalsteuer-vorerst-gescheitert-ver-
nunft-wider-willen-ld.1466587>

22   <https://www.tagesschau.de/wirtschaft/digitalsteuer-107.html>

23   <https://www.handelszeitung.ch/digital-switzerland/finanzminister-ueli-mau-
rer-fordert-digitalsteuer>

24   <https://www.sif.admin.ch/sif/de/home/finanzmarktpolitik/digit_finanzsek-
tor/best_digit_wirtschaft.html>

25   <https://juliareda.eu/wp-content/uploads/2019/02/Copyright_Final_com-
promise.pdf>

26   <https://de.statista.com/statistik/daten/studie/207321/umfrage/upload-von-
videomaterial-bei-youtube-pro-minute-zeitreihe/>

27   <https://www.sueddeutsche.de/digital/gerichtsurteil-eugh-stoppt-upload-fil-
ter-fuer-soziale-netzwerke-1.1285690>

28   <https://www.sueddeutsche.de/digital/axel-voss-interview-urheberrechtsre-
form-upload-filter-1.4409696>

29   <https://www.republik.ch/2019/03/11/eine-steuer-fuer-gestohlene-klicks>

30   <https://www.nzz.ch/schweiz/staenderatskommission-verzichtet-auf-leis-
tungsschutzrecht-ld.1478441>

31   <https://www.aargauerzeitung.ch/ausland/eu-staerkt-den-datenschutz-
davon-profitieren-auch-schweizer-das-muessen-sie-dazu-wissen-132602657>

32   <https://dsgvo-gesetz.de/>

33   <https://dsgvo-gesetz.de/themen/bussgelder-strafen/>

34   <https://www.deutschlandfunkkultur.de/mehr-daten-souveraenitaet-fuer-den-
buerger.1008.de.html?dram:article_id=164515>

35   <https://www.faz.net/aktuell/wirtschaft/menschen-wirtschaft/gruenen-poli-
tiker-jan-philipp-albrecht-der-zuckerbergbesieger-12629152.html>

36   <https://www.faz.net/aktuell/wirtschaft/netzwirtschaft/was-passiert-nach-dem-safe-harbour-urteil-des-eugh-13841623.html>

37   <https://techcrunch.com/2018/05/25/facebook-google-face-first-gdpr-complaints-over-forced-consent/>

38   <https://www.cnil.fr/en/cnils-restricted-committee-imposes-financial-penalty-50-million-euros-against-google-llc>

39   <https://noyb.eu/de/dsgvo-noybeu-bringt-vier-beschwerden-wegen-zwangs-zustimmung-gegen-google-instagram-whatsapp-und>

40   <https://www.cnbc.com/2018/10/04/facebook-data-breach-top-eu-regulator-officially-opens-investigation.html>

41   <https://www.wienerzeitung.at/nachrichten/kultur/medien/2056009-Daten-schutz-Manko-bei-Streamingdienste.html>

42   <https://www.zdnet.de/88354031/eprivacy-vo-wie-es-um-die-e-privacy-verordnung-steht/>

43   <https://datatransferproject.dev/>

44   <https://www.nzz.ch/schweiz/nationalrat-will-revision-des-datenschutzge-setzes-in-zwei-etappen-ld.1393907>

45   <https://www.nzz.ch/schweiz/der-bundesrat-buchstabiert-zurueck-beim-datenschutzgesetz-ld.1316618>

46   <https://www.economist.com/briefing/2019/03/23/big-tech-faces-competi-tion-and-privacy-concerns-in-brussels>

47   <https://www.heise.de/newsticker/meldung/DSGVO-Die-Abmahn-Maschine-rie-ist-angelaufen-4061044.html>

Das Märchen des unfähigen Staates

Der Staat könne keine digitale Identität herausgeben, findet die Privatwirtschaft. Doch das ist falsch, wie ein Blick auf die EU-Staaten zeigt. Das Volk will mehr Staat – auch in der Schweiz.

Erschienen in der Republik, 28. Mai 2019

Bei der Digitalisierung des Staates hinkt die Schweiz Europa hinterher. In E-Government-Rankings liegt sie regelmässig auf den letzten Plätzen. Die Ursache dafür ist schnell ausgemacht: das Fehlen eines einheitlichen digitalen Bürgerkontos, einer sogenannten E-ID, einsetzbar für den Kauf bei Zalando und gleichzeitig für das Melden von Mängeln beim Strassenbelag.

Die Wirtschaftsdachverbände haben deshalb in den Turbogang geschaltet. In ihrem Schlepptau: Bundesrätin Karin Keller-Sutter. «Die Wirtschaft wie auch die Nutzerinnen und Nutzer warten auf eine Lösung», warnt sie.[1] Gemeinsam propagiert wird ein privatisiertes Modell der digitalen Identität. Nicht der Staat, sondern Unternehmen sollen die E-ID entwickeln und anbieten.

Nächsten Dienstag berät der Ständerat das dazugehörige E-ID-Gesetz. Bereits vorgespurt hat der Nationalrat. Die Mehrheit der bürgerlichen Politiker – und auch der Bundesrat selbst – war der Ansicht, die Bundesverwaltung solle nur eine Hintergrundrolle bei der E-ID spielen: Sie solle zwar die Identitäten der Nutzer prüfen, aber keine eigene Schnittstelle zu den Bürgerinnen einrichten. Nur die Privatwirtschaft sei imstande, robuste und sichere Technologien zu entwickeln, hiess es: Der Staat sei unfähig in der Informatik.

Gerne verweist die Wirtschaftslobby – allen voran der Hauptakteur Swiss Sign Group, ein Konsortium von Banken und Versicherungen – dabei auch aufs Ausland. Die wirklich erfolgreichen E-Identity-Initiativen seien allesamt von privaten Firmen vorangetrieben worden, versichert sie dem Publikum.

Doch diese Darstellung ist falsch.

Unsere Nachforschungen zeigen: Die Schweiz ist mit ihrem aktuellen E-ID-Gesetz nicht die Regel, sondern die Ausnahme. Beinahe alle EU-Staaten setzen neben privaten auch auf staatliche Lösungen. Dies vor allem wegen der höheren Akzeptanz: Bürgerinnen sollen sich bei der digitalen Identität nicht auf Sachbearbeiter eines E-Commerce-Unternehmens verlassen müssen, sondern auch den guten alten Beamtenschalter vorziehen können.

Die aktuelle Situation in Europa

Das staatliche Angebot in **Österreich** ist die sogenannte Bürgerkarte. 2003 hat der östliche Nachbarstaat sein E-ID-Produkt lanciert und wurde damit Pionier für E-Government.[2] Am Anfang harzte es mit der Verbreitung, doch mittlerweile wurde die Bürgerkarte um die Handysignatur erweitert. Herausgegeben wird die Karte von einer öffentlichen Bestätigungsstelle, angesiedelt beim Finanzministerium.

Belgien gehört zu den E-Identität-Pionieren in Europa. Die Politik hat die E-ID lange Zeit zur Staatsaufgabe erklärt. Vertrieb und Prüfung erfolgen durch Beamte. Erst in jüngster Zeit hat sich mit itsme[3] eine Bankenlösung etabliert. Auch in **Portugal und Spanien** war der Staat der Treiber mit der elektronischen Karte, für das Smartphone wurden mobile Varianten entwickelt.

Deutschland war 2010[4] eines der ersten Länder, die den elektronischen Personalausweis ausgeführt haben. Die Karte mit elektronischem Chip fand erst nur wenig Verbreitung, mit der AusweisApp2[5] wurde nun erfolgreich die mobile Verbreitung forciert. In den letzten Jahren gesellten sich private ID-Lösungen von Verimi und der Post dazu.

In **Frankreich** hat eine E-ID generell einen schweren Stand. Mehrere Anläufe auf nationaler Ebene sind gescheitert. Der französische Verfassungsrat hat eine Initiative dazu verworfen[6]: Staatliche Dienstleistungen sollen nicht mit kommerziellen Zwecken verbunden sein. In Frankreich ist die Privatsphäre unantastbar. Die französische Datenschutzbehörde CNIL, eine sehr einflussreiche Institution, hat sich gegen diese Verknüpfung ausgesprochen. Der Konsens in Frankreich heisst: E-ID ja, aber ohne die Privatwirtschaft. Nun koexistieren private und öffentliche Angebote für verschiedene Sektoren.

Die Schweizer Wirtschaftsverbände berufen sich beim Lobbying jedoch nicht auf Mittel- oder Südeuropa. Sie richten ihren Blick gerne nach Skandinavien.

Etwa nach **Schweden und Dänemark.** Dort haben die Banken die Nase vorn. Studien erklären das mit dem hohen Vertrauen in die Branche. Den Banken wird eine hohe technologische Kompetenz attestiert, auch während der Finanzkrise hat das Ansehen skandinavischer Banken kaum gelitten. In Dänemark beträgt die Nutzungsquote der NemID (dänische E-ID-Marke) fast 100 Prozent. Der Grund dafür ist allerdings gesetzlicher Zwang: Alle Behördengänge müssen zwingend digital erfolgen.

Öffentlich, privat – oder beides?

Welche Angebote in den einzelnen europäischen Ländern dominieren

E-ID-Angebote
- Öffentliche Angebote dominieren
- Öffentliche und private Angebote
- Private Angebote dominieren
- Nicht untersucht

Geobasis: EuroGeographics[7]

Die Lehren aus dem Ausland

Zusammengefasst lässt sich sagen: Fast alle Länder[8] setzen beim Thema E-ID auf hybride Modelle, also auf eine Koexistenz von privaten und staatlichen Angeboten. Zurzeit lassen sich 13 EU-Staaten[9] ihre elektronischen Identifizierungssysteme gemäss der neuen eIDAS-Verordnung der EU zertifizieren. Die meisten davon mit ihren staatlichen E-ID-Lösungen.

Unter allen Ländern sind Dänemark, Italien und England die einzigen mit einem vergleichbar privatisierten Modell wie die Schweiz (wobei auch in Italien eine staatliche Alternative existiert). Doch auch das dänische Beispiel lässt sich nicht eins zu eins auf die Schweiz übertragen, handelt es sich doch um eine konzessionierte Private Public Partnership im Auftrag des Staats: Die Herausgabe der sogenannten NemID wird regelmässig ausgeschrieben.

Das jetzige E-ID-Gesetz in der Schweiz ist hingegen so formuliert, dass sich auf dem Papier jedes Unternehmen dafür qualifizieren kann. De facto wird aufgrund der hohen Sicherheitsanforderungen aber ein Pseudowettbewerb resultieren, der früher oder später in ein Monopol des Konsortiums Swiss Sign münden wird.

Der Fall Dänemark zeigt zudem: Wenn Hoheitsaufgaben der Finanzindustrie[10] überlassen werden, besteht immer ein Restrisiko. So wurde das Bankenkonsortium Nets, das den Zuschlag für die NemID erhielt, vor fünf Jahren von amerikanischen Investoren gekauft. Das Konsortium wurde aufgelöst, der Vertrag lief aus. Die Ausschreibung musste wieder von neuem beginnen.

Aus vergleichenden Länderstudien[11] und Untersuchungen[12] geht hervor, dass die Akzeptanz und die Verbreitung einer öffentlichen E-ID stark von kulturellen Faktoren abhängen. In Ländern mit einem hohen Bewusstsein für die Privatsphäre, mit einer langjährigen Identitätskarten-Tradition und hohem Vertrauen in den Staat haben sich staatliche Lösungen etabliert.

Die Schweiz erfüllt alle drei der genannten Kriterien. Es ist daher fragwürdig, dass es hierzulande keine staatliche Anlaufstelle geben soll.

Schweizer wollen keine private E-ID

Zumal eine überwältigende Mehrheit eine solche Stelle befürwortet. So geben in einer gestern veröffentlichten Demoscope-Studie[13] 87 Prozent der Befragten an, der Staat solle die E-ID herausgeben. In Auftrag gegeben wurde die Umfrage vom Verein Public Beta, von der Allianz Digitale Gesellschaft und den Konsumentenschutzverbänden der Deutschschweiz und der Romandie. Gemäss der Studie vertrauen 75 Prozent der befragten Stimmbürger grundsätzlich dem Staat in Sachen Datenschutz. Privatunternehmen vertrauen derweil nur 3 Prozent. Die hiesige E-ID-Politik zielt damit diametral am Volkswillen vorbei.

Alle EU-Staaten, die zu Beginn mit privaten Pionierprojekten operierten, haben später eine staatliche E-ID eingeführt. Das gilt selbst für das Digitalisierungs-Vorzeigeland Estland und für das bankenfreundliche Schweden. Dies aus Gründen der Inklusion und der Niederschwelligkeit: Bürger sollten nicht extra ein Bankkonto bei den Identitätsanbietern eröffnen müssen, um einen Termin beim Standesamt zu beantragen. Und sie sollen bei der E-ID auch auf eine kommerzfreie Variante zurückgreifen können.

Um den Kommerzfaktor streiten sich die Schweizer Parlametarier. Im E-ID-Gesetz ist unter Artikel 16 Absatz 2[14] explizit von «Nutzungsprofilen» die Rede, also von Datenspuren, die die herausgebenden Unternehmen zu Geschäftszwecken sammeln und auswerten. Gemäss der jetzigen Fassung[15] dürften diese Bürgerdaten überhaupt nicht ausgewertet werden. Dies hat die Ständeratskommission auf Druck der Zivilgesellschaft zuletzt veranlasst.

Eine laute bürgerliche Minderheit, darunter auch die Ständeräte Andrea Caroni (FDP) und Peter Hegglin (CVP), wird aber nächste Woche versuchen, diesen Passus rund um die Datenkommerzialisierung wieder zu ändern. In einer früheren Variante war lediglich die Weitergabe an Dritte verboten, nicht aber die Datenauswertung durch die Unternehmen selbst. Sollte Artikel 16 wieder verändert werden, könnten Privatunternehmen ein datenbasiertes Geschäftsmodell rund um die E-ID entwickeln.

Der Bundesrat ist auf dem Holzweg

Die Schweiz will die Lancierung eines digitalen Passes – mit Ausnahme der Kantone Zug und Schaffhausen – ganz dem Markt überlassen. Widerstand dagegen kam bisher von Netzaktivisten, von der Linken und von einigen bürgerlichen Politikerinnen wie Doris Fiala (FDP). Sie hatten versucht, einen Passus für eine staatliche Anlaufstelle in den Entwurf zum E-ID-Gesetz einzuschleusen. Vergeblich – der Grundsatzentscheid ist bereits gefallen.

Dabei sind gemäss der aktuellen Demoscope-Umfrage nur gerade 2 Prozent der befragten Bürger der Meinung, dass private Unternehmen die E-ID herausgeben sollen. Dass es für Herrn und Frau Schweizer eine absurde Vorstellung ist, ein Benutzerkonto bei Digitec oder auf der Website von McDonald's Schweiz anzulegen, nur um ihren Umzug anmelden zu können, interessiert das bürgerlich dominierte Parlament offenbar nicht.

Auch nicht den Bundesrat. Die Landesregierung attestiert sich absurderweise gleich selbst die totale Inkompetenz in Sachen Technologie. «Staatliche Identifizierungsmittel (...) können nicht auf die sich schnell ändernden Bedürfnisse und neuen Technologien reagieren», sagt Karin Keller-Sutter.[16] Und verweist in defätistischer Manier auf die «Erfahrungen im Ausland».

Der Realitätscheck zeigt jedoch ein anderes Bild dieser «Erfahrungen»: Im Inland wie auch im Ausland ist sehr wohl ein Bedürfnis nach staatlicher Einmischung bei der digitalen Identität vorhanden. Die Schweiz wäre mit ihrem privatisierten Modell einmal mehr ein merkwürdiger Sonderfall.

Recherche-Update vom September 2020

Das «alte» Parlament hat das privatisierte E-ID-Gesetz verabschiedet, das Referendum wurde wie erwartet lanciert und erfolgreich eingereicht. Anders als beim Moratorium zu E-Voting war die Unterschriftensammlung ein Selbstläufer. Der Verein Public Beta, Digitale Gesellschaft, Chaos Computer Club und die Piratenpartei konnten innert weniger Monate mobilisierten. Die rund 65'000 Unterschriften kamen im Nu zustande.[17] Zu reden gab in der parlamentarischen Beratung des Gesetzes das Thema Datenverarbeitung. Ob nun zum Beispiel der dafür vorgesehene Artikel 16 Absatz 2[18] eine kommerzielle Verwertung der E-ID durch die herausgebenden Unternehmen völlig ausschliesst, ist noch nicht zu 100 Prozent geklärt und wird sicher Gegenstand des Abstimmungskampfs sein.

Ursprünglich war die Abstimmung für September 2020 vorgesehen. Wegen der Corona-Krise wird die E-ID-Abstimmung voraussichtlich im Frühjahr 2021 stattfinden. Wie diese ausgehen wird, ist unklar. Das Swiss-Sign-Konsortium gibt sich kampfbereit und zuversichtlich, nach eigenen Angaben spielt ihr der Shutdown des Bundesrats in die Hände. Das Bedürfnis nach einer rechtskräftigen digitalen Signatur steigt in Zeiten des Home-Office, eCommerce und allgemein digitalen Transaktionen. CEO Markus Naef redet von einem klaren Trend im SRF Digital[19]: «Gegenwärtig bestellen 2'500 Leute pro Tag eine Swiss ID, 50 Prozent mehr als vor der Krise.» Der Bundesrat hat ausserdem eine temporäre Verordnung für die elektronischen Signaturen herausgegeben.

Doch wird das Corona-Virus nun wirklich zum Verkaufsargument für das E-ID-Gesetz? Wer die Umfrage zur Corona-Tracing-App gesehen hat, weiss: Bürgerinnen und Bürger möchten, dass eine Tracing-App vom Staat herausgegeben wird und nicht von Privatunternehmen. Bisherige Umfragen zur Herausgeberschaft einer staatlichen digitalen Identität[20] bestätigen diesen Wunsch der Bevölkerung mit einem Verdikt von über 80 Prozent.

Quellen

1   <https://www.parlament.ch/de/ratsbetrieb/amtliches-bulletin/amtliches-bulletin-die-verhandlungen?SubjectId=45808>

2   <https://asquared.company/public/asquared-blog_post_de_2018-02-13_e-identity-loesungen-in-europa_v1.pdf>

3   <https://business.itsme.be/de/>

4   <https://www.bsi.bund.de/SharedDocs/Downloads/DE/BSI/Veranstaltungen/
    it-sa_2010/Der_neue_Personalausweis_Fakten.pdf%3F__blob%3Dpublicati-
    onFile>

5   <https://www.bsi.bund.de/DE/Themen/DigitaleGesellschaft/ElektronischeI-
    dentitaeten/Online-Ausweisfunktion/AusweisApp/AusweisApp_node.html>

6   <https://www.government.nl/documents/reports/2015/05/13/international-
    comparison-eid-means>

7   <https://ec.europa.eu/eurostat/web/gisco/geodata/reference-data/adminis-
    trative-units-statistical-units/countries>

8   <https://ec.europa.eu/cefdigital/wiki/display/EIDCOMMUNITY/Luxembourg>

9   <https://ec.europa.eu/cefdigital/wiki/display/EIDCOMMUNITY/Over-
    view+of+pre-notified+and+notified+eID+schemes+under+eIDAS>

10 <https://www.republik.ch/2018/11/15/digitaler-ausweis-powered-by-ubs>

11 <https://www.government.nl/documents/reports/2015/05/13/international-
    comparison-eid-means>

12 <https://asquared.company/blog/e-identity-loesungen-in-europa-ein-europa-
    eischer-vergleich-686/>

13 <https://www.digitale-gesellschaft.ch/2019/05/27/ueberwaeltigende-mehr-
    heit-will-digitalen-pass-vom-staat-repraesentative-umfrage-zur-e-id/>

14 <https://www.admin.ch/opc/de/federal-gazette/2018/3989.pdf>

15 <https://www.parlament.ch/centers/eparl/curia/2018/20180049/
    S2%20D.pdf>

16 <https://www.parlament.ch/de/ratsbetrieb/amtliches-bulletin/amtliches-bul-
    letin-die-verhandlungen?SubjectId=45808>

17 <https://www.srf.ch/news/schweiz/genuegend-unterschriften-referendum-
    gegen-e-id-gesetz-zustande-gekommen>

18 <https://www.admin.ch/opc/de/federal-gazette/2019/6567.pdf>

19 <https://www.srf.ch/news/panorama/homeoffice-digitale-unterschrift-im-
    aufwind>

20 <https://www.tagesanzeiger.ch/schweiz/standard/bevoelkerung-will-dass-
    der-staat-die-elektronische-id-herausgibt/story/29269572>

Margrethe die Grosse

Die Wettbewerbskommissarin Margrethe Vestager ist die beliebteste Kandidatin für das höchste EU-Amt. Weil sie den Zeitgeist verkörpere, sagen Beobachter. Doch im Grunde war ihre Politik der Zeit stets voraus.

Erschienen in der Republik, 18. Juni 2019

Tax Lady, Superstar, weiblicher David gegen Goliath, Wikingerin in Brüssel, Jeanne d'Arc der EU. Die inoffizielle Spitzenkandidatin der Liberalen für das Amt der EU-Kommissionspräsidentin kennt alle ihre Zuschreibungen. Und sie spielt bewusst mit ihnen.

Vertwittert Kuchenrezepte, bevor sie Bussgelder in Millionenhöhe verkündet, verwöhnt ihre Mitarbeiter mit dänischen Backwaren, strickt Socken während Sitzungen, redet über ihre drei Kinder, betont ihre Weiblichkeit.

Gleichzeitig kennt die dänische EU-Kommissarin für Wettbewerbsrecht null Pardon mit den Tech-Giganten. Margrethe Vestager ist die Frau, die Google, also den Mutterkonzern Alphabet (8,3 Milliarden Euro Busse), Apple (13 Milliarden Euro Steuern) und Amazon (laufende Untersuchung) bluten lässt. Was Washington nicht hinkriegt, erledigt Vestager. Sie sei die De-facto-Regulatorin des Silicon Valley[1] geworden, schrieb die «New York Times».

Mit ihr hat die anonyme EU-Bürokratie ein Gesicht bekommen. Nun hat sie sich öffentlich als Präsidentin der EU-Kommission beworben, den oder die der EU-Gipfel voraussichtlich am 21. Juni wählen wird. Vestager hat – je nachdem, welches Wahlverfahren die EU[2] letztendlich wählt – gute Chancen. Für viele stellt sie die perfekte Nachfolge des älteren Herrn Jean-Claude Juncker dar.

Denn sie verkörpere den Zeitgeist, sagen Beobachter: feministisch, regulierend, progressiv.

Dabei war Vestager in vielen Punkten der Zeit voraus. Bemerkenswert früh – noch bevor sich liberale Prominente wie Christian Lindner zu solchen Positionen durchringen konnten – entwickelte sie eine glasklare Vision davon, was Liberalismus im digitalen Zeitalter bedeutet. Dass der Staat eingreifen muss, wenn der Wettbewerb kaputtgeht. Dass das Internet immer zu Zentralisierung und Monopolbildung neigt, wenn keine Grenzen gesetzt werden.

Regulieren? Klar, wenn Tech-Unternehmen ihre Marktmacht missbrauchen. Strafen? Unbedingt, damit es wehtut.

Der Vestager-Fanclub wächst. Weltweit. Selbst in den USA, wo sie auch am SXSW-Festival, dem Mekka der Tech-Enthusiasten, tosenden Applaus für ihre markigen Statements[3] erhält. Ihr Erfolgsrezept? «Sie macht keine Kompromisse und hält Konflikte aus.» Dies sagt ihre Biografin Elisabet Svane im Gespräch mit der Republik. Vestager hatte den Mut, viele unpopuläre Entscheidungen zu treffen. Genau das zahle sich nun aus.

Bibel-Erzählungen als Metaphern

8. Mai, Berlin: Vestager tritt an der re:publica auf[4], einer der grössten Internet-Konferenzen Europas.

Es ertönen Jubelrufe von allen Seiten, als die EU-Wettbewerbskommissarin die Hauptbühne Stage 1 betritt. Der Auftritt beim gut informierten, datenschutzaffinen und techmonopolkritischen Publikum wird zum Heimspiel. Schnell wird klar: Ginge es nach diesen Menschen, wäre Vestager die nächste EU-Präsidentin. Ganz im Gegensatz zum – in der Netzgemeinschaft verhassten – deutschen EVP-Spitzenkandidaten Manfred Weber. Er hat ihnen schliesslich ihrer Ansicht nach die Urheberrechtsrefom und Artikel 17[5] eingebrockt. Vestager ist klug genug, bei Fragen zur in Deutschland umstrittenen Urheberrechtsreform keine Stellung zu beziehen.

Lieber konzentriert sie sich auf ihr Lieblingsthema, die Macht der Tech-Monopole. Und greift auf grosse Erzählungen zurück, gerne auch auf die Bibel. Es gehe um Gier. Es gehe um Angst. Es gehe darum, wie man Macht nutze. «Und das sind Dinge, die es schon immer gab, seit Adam und Eva», sagte die Pfarrerstocher[6], die selbst nicht wirklich religiös ist, einmal in einem Interview am Hauptsitz der Kommission in Brüssel.

Auch bei ihrem zweiten grossen Kampfthema – der Trennung von Plattformen und den darauf präsentierten Angeboten – greift Vestager gerne auf eine Metapher zurück: jene von Sportverbänden.

Schon früh, noch bevor die deutsche oder die Schweizer FDP sich eine abschliessende Meinung gebildet hatten, war für Vestager klar: Google und Amazon müssten in einem fairen Wettbewerb ihre Funktionen als Plattformen und ihre eigenen Angebote voneinander trennen.

Doch das tun sie nach Ansicht von Vestager nicht: indem Google beispielsweise Smartphone-Herstellern für die Nutzung von Android, dem Betriebssystem von Google, seine eigenen Google-Apps aufzwingt. Oder indem Amazon eigene Produkte auf seinem Marktplatz anbietet. Das, so Vestager, sei Missbrauch der Wettbewerbsmacht.

Ihre Metapher, damit auch jeder ihre Position versteht: Google und Amazon seien im Grunde genommen Sportverbände. Vestager zieht gerne den Vergleich zum Spitzensport[7]. Die Verbände setzten die Spielregeln fest, ethische Standards, wie mit Doping umzugehen sei. «Sie haben aber keine eigenen Mannschaften, die in Wettbewerben antreten.» Es ist ihre Kernargumentation, die sie seit ihrem Antritt 2014 vertritt.

Dass Kritiker Vestager Populismus vorwerfen, ist durchaus nachvollziehbar. «Man muss den Menschen in Europa die grosse Geschichte erzählen», sagt sie[8], «nicht die Details von dem, was wir tun.»

Kompromisse sind für sie ein No-Go

Was Vestager im Grunde tut: Sie holt die Politik in die Märkte zurück. Sie ist überzeugte Europäerin und trennt nicht zwischen wirtschaftlicher und politischer Wertegemeinschaft. Für sie ist Wettbewerbspolitik eine «friedenserhaltende» Operation der EU. Es ist etwas, was Europa im Innern zusammenhält. «Für uns gelten nicht die Gesetze des Dschungels, sondern die Gesetze der Demokratie», sagte sie am Web Summit 2017.[9] Eine klare Abgrenzung zum Wildwestkapitalismus des Silicon Valley. Das bekam insbesondere Google zu spüren – ihr Vorgehen brachte Vestager ihren Ruhm.

Ihr Vorgänger, Joaquín Almunia, war ein Mann der Kompromisse.[10] Er zögerte, haderte, knickte ein vor Google. Er arbeitete hinter verschlossenen Türen auf einen Vergleich beim Google-Shopping-Urteil[11] hin. Ausserdem kommunizierte er ungeschickt. Während eines laufenden Verfahrens gegen die Bank Crédit Agricole machte Almunia klare Äusserungen darüber, dass das Verfahren bereits entschieden sei, was ihm später eine Rüge von der EU-Ombudsfrau Emily O'Reilly einbrachte.[12]

Vestager trat 2014 seine Nachfolge an. Und änderte den Kurs sofort und radikal. Bereits ihre Antrittsrede war eine klare Ansage, was die Big Player erwarten würde: eine Wettbewerbskommission als regulatorische Superkraft. «Wir müssen so gerissen und detailversessen sein wie die Tech-Unternehmen».[13]

Dem schwierigen Google-Dossier räumte sie höchste Priorität[14] ein. Das Europaparlament gab ihr grünes Licht. Die Abgeordneten drohten mit der Zerschlagung von Google[15], sollte der Konzern bei den Untersuchungen nicht kooperieren. Seither arbeitet ein Team von 900 Ermittlern[16] an allen Fällen.

Vestager liess ihr Team gründlich recherchieren, sprach nicht mit Lobbyisten, nur mit Firmenchefs. «Sie hat sich den Respekt der Brüsseler Wettbewerbsszene auch deshalb erworben, weil sie so resistent gegenüber politischem Druck war», sagt Marta Testagrossa, Autorin für das auf Wettbewerbsberichterstattung spezialisierte «The Capitol Forum»[17], der Republik.

In einem Statement vom 15. April 2015[18] machte sie schliesslich klar: Almunias ausgehandelte Vergleichsvorschläge würden allesamt fallen gelassen[19]. Seither hat die EU-Kommission drei Bussen gegen Google[20] ausgesprochen, die letzte über 1,49 Milliarden Euro diesen März.

Auch die Imperiumsgelüste von Mark Zuckerberg wurden von Vestager abgestraft.[21] Facebook durfte die Messenger-App Whatsapp 2014 unter einer Bedingung kaufen: keine Verknüpfung der Whatsapp-Telefonnummern mit Facebook-Profilen. Zuckerberg willigte ein, Europa segnete den Deal ab. Zwei Jahre später brach der Mutterkonzern das Versprechen. Seine Begründung: «Für ein besseres Nutzererlebnis»[22] müsse man die Dienste eben doch alle miteinander verknüpfen. Es ist die Standardfloskel aller Datenkonzerne, die sich damit einen Freipass für illegales Profiling ausstellten. Doch Vestager beeindruckte das nicht. 110 Millionen Euro holte sie heraus, als ersten Denkzettel. Die Message: Wer Abmachungen bricht, gehört bestraft.

Zuckerbrot und Peitsche

Immer wieder werden ihr ihre Verdikte als Anti-Amerikanismus ausgelegt. Doch den Vorwurf des europäischen Protektionismus weist die 51-Jährige zurück: «Google bietet tolle Produkte an», betont Vestager immer wieder.[23] In einem CNBC-Interview[24] hebt sie die historische Verbundenheit von Dänemark und den USA hervor, erzählt von ihren ausgiebigen Reisen in den Staaten.

Und als Donald Trump 2018 über die «Tax Lady», die Amerika hasse[25], schnödete, parierte sie mit dem ihr eigenen trockenen Humor: «Ja, ich habe selbst den Faktencheck zu dieser Aussage gemacht: Es stimmt, ich bin eine Frau, ich arbeite auf dem Thema Steuern, aber alles andere ist falsch.»

Tatsächlich: Seit ihrem Amtsantritt verfügte die Kommission über 34 Rückforderungsentscheidungen bei Steuerbeihilfen.[26] Doch nur neun Prozent davon betreffen amerikanische Unternehmen.

Auch innerhalb von Europa eckt sie mit ihren Entscheidungen an. Die Steueroasen Irland[27] (13 Milliarden Euro Rückzahlung von Apple) oder Luxemburg[28] (250 Millionen Euro Rückzahlung von Amazon) freuten sich zudem gar nicht über den neuen Geldsegen. Mit ihrem Veto gegen die Fusion von Alstom-Siemens brachte Vestager für kurze Zeit auch ihre Verbündeten Emmanuel Macron und SPD-Bundesfinanzminister Olaf Scholz gegen sie auf.[29]

Sachkompetenz vor Seniorität

Vestagers Kommunikationsstil ist so, wie sie insgesamt auftritt: hart, aber herzlich. Am 24. Januar 2018 vertwitterte ihr Sprecher Ricardo Cardoso ein Bild eines Kransekage-Kuchens, den die Kommissarin für ihre Mitarbeiter gebacken hat. Ein dänisches Gebäck aus Marzipan, Zucker und Eiweiss. Noch am gleichen Tag folgte der nächste Coup: Die Kommission verkündete eine Geldstrafe von 997 Millionen Euro[30] für den amerikanischen Chiphersteller Qualcomm: wegen Lockens mit finanziellen Anreizen.

«Es ist sehr schwierig, sie nicht zu sehr zu loben. Sie ist eine äusserst sympathische und logisch argumentierende Person», sagt Jyrki Katainen, einer der Vizepräsidenten der Kommission, der grössten finnischen Tageszeitung «Helsingin Sangomat». Ihr Team ist eingespielt, das Arbeitsklima positiv. Trotz der enorm hohen Arbeitsbelastung, die das Google-Dossier verursacht habe, sagt Testagrossa.

Bei Sitzungen priorisiert sie Sachkompetenz gegenüber Seniorität. Nicht die höchsten Abteilungsleiter sitzen neben ihr, sondern die für die Dossiers tatsächlich zuständigen Sachbearbeiter. Auch wenn diese 28-jährige Berufseinsteiger seien. Vestager könne gut zuhören und lasse sich immer von Argumenten überzeugen, sagt eine enge Mitarbeiterin zur Republik.

Sie vermeidet das B-Wort

Bei all ihrer Konsequenz meidet Margrethe Vestager bislang ein Wort, das andere durchaus gerne in den Mund nehmen: *break-up*. Obwohl der Zerschlagungsdiskurs selbst in den USA immer salonfähiger wird, scheut Vestager das B-Wort.

Warum? Auch bei dieser Frage argumentiert sie streng wirtschaftsliberal. Eigentum jemandem wegreissen, sagte sie an der re:publica in Berlin, müsse immer die letzte aller möglichen Optionen sein.

Die Aufarbeitung eines solchen Prozesses würde ausserdem Jahre dauern. Sie aber will pragmatisch und rasch agieren, denn ihre Leitmaxime ist: Wie kriegen wir den gesunden Wettbewerb in Europa am schnellsten zurück? Kopfnicken im Publikum.

Washington hat mittlerweile das starke Signal aus Brüssel gehört. Das amerikanische Justizministerium leitete kartellrechtliche Verfahren gegen Google und Apple[31] ein, die Wettbewerbsbehörde FTC wird Amazon und Facebook unter die Lupe nehmen. Eine neue Taskforce der FTC konzentriert sich auf die technischen Fälle. Demokraten fordern Untersuchungen[32] der grössten Big Player. Auch in Australien untersucht die Kartellbehörde ACCC die Dominanz von Google und Co.[33] Eine neue Ära bricht an – eingeläutet von Margrethe Vestager.

Selbst die Tech-Konzerne spüren den Zeitgeist. Sie hüten sich mittlerweile vor zu viel öffentlicher Kritik an den Verdikten der EU – obwohl sie die Urteile hinter den Kulissen anfechten. Noch vor drei Jahren bezeichnete Apple-CEO Tim Cook das 13-Milliarden-Urteil als «total political crap».[34] Zwar wehrt sich Google mit allen Mitteln gegen die Urteile, doch die CEOs Sundar Pichai und Jeff Bezos (Amazon) verwenden einen sachlicheren Ton[35] und lassen ihre Anwälte reden.

Forschungszweck wichtiger als Privatsphäre

Als Liberale weiss Vestager, dass Bussgelder und Strafzahlungen nicht dazu geeignet sind, Europas Ökonomie anzukurbeln. Eine andere Idee von ihr aber möglicherweise schon: die Daten-Sharing-Initiative.[36] Daten von Tech-Giganten sollen in einer anonymisierten Form mit der Konkurrenz geteilt werden. Eine Forderung, die derzeit auf vielen Fachkonferenzen verhandelt wird.

Bei diesem Thema hat die prinzipientreue Vestager ihre Meinung geändert. Dem Datenschutz räumte sie als Wirtschaftsministerin in Dänemark weniger Priorität ein. So hat Vestager eine Gesetzesänderung veranlasst[37], die Forscherinnen besseren Zugang zu Bürger-Datenbanken verschafft. Vestager sieht die Teilnahme an wissenschaftlichen Umfragen als Bürgerpflicht. Ein Opt-out-Recht wurde damit abgeschafft.[38]

«Sie gewichtete die Interessen der Forschungsgemeinschaft früher höher als die Privatsphäre und die Datenschutzrechte der Bürger», sagt der Aktivist Jesper Lund von der Organisation IT Pol der Republik. Auch haben viele Organisationen ihren – letztendlich gescheiterten[39] – Versuch, E-Voting einzuführen[40], stark kritisiert.

Mythen über Serie «Borgen»

Ihre Zeit als Wirtschaftsministerin Dänemarks von 2011 bis 2014 war ganz grundsätzlich von Spannungen geprägt. «Dysfunktional» war die Koalition nach Einschätzung von Autorin Svane. Vestager setzte als wirtschaftsliberale Ministerin harte Sozialreformen durch und kürzte die Arbeitslosengelder[41], was den Sozialdemokraten überhaupt nicht gefiel. Und auch den Medien nicht, die ihr den Übernamen «Eiskönigin»[42] verpassten. Die Gewerkschaften schenkten ihr «als Dank» einen Mittelfinger aus Gips. Die «Fuck you»-Trophäe thront heute noch auf ihrem Schreibtisch[43]. Als Erinnerung an ihre Feinde.

Viele Medien kolportieren, Margrethe Vestager inspirierte Filmemacher Adam Price zur Hauptfigur in der beliebten Politserie «Borgen». Doch in Wahrheit war die Protagonistin, die Premierministerin und Mittepolitikerin Birgitte Nyborg, nicht allein von der Person Vestager inspiriert. Sondern von der Dauerfehde zwischen Premierministerin Helle Thorning-Schmidt und Vestager, sagt Biografin Svane. Beide Charaktere flossen in die Figur Nyborg ein.

Eine Folge[44] war dabei bezeichnend: Nyborg wollte einen Gefährten abschieben und ihn für den EU-Posten in Brüssel berufen. Ihr Spin-Doctor Kasper Juul hat ihr dazu geraten: «In Brüssel hört dich niemand schreien.»

Die Parallele zur Realität: Thorning-Schmidt, so schreiben es viele[45], wollte Vestager mit der Berufung für das Juncker-Kabinett loswerden. Die Realität endete bekanntlich anders als in der Fiktion. Denn Vestager verstummte nicht. Im Gegenteil.

Zum Wohlgefallen der Dänen. 67 Prozent mögen laut einer Umfrage[46] die Politik ihres internationalen Superstars.

Update des Kartellrechts

Vestagers Mandat als Wettbewerbskommissarin läuft am 31. Oktober 2019 offiziell aus.[47] Nun greift sie nach dem höchsten Amt, der EU-Präsidentschaft.

Lange zögerte Vestager bei der Frage, ob sie nun kandidieren werde. Unter anderem auch, weil die Liberalen nicht wussten, wen sie offiziell ins Rennen schicken wollten. Denn neben Vestager gibt es noch einen weiteren Kandidaten, der um jeden Preis Junckers Nachfolger werden will: Guy Verhofstadt. Mit der Allianz von Macrons La République en Marche ist Alde zur drittgrössten Kraft im europäischen Parlament aufgestiegen.[48] Und meldet nun Führungsanspruch an. Doch die Liberalen unterstützten das vom Europaparlament favorisierte Spitzenkandidaten-Modell nicht, was ihnen nun zum Verhängnis werden könnte. Die Legislative will an den portierten Anwärterinnen und Anwärtern[49] festhalten.

Wer das Rennen machen wird[50], wird wohl bis zur letzten Minute offen bleiben.

Für Vestager wäre dieser EU-Posten der logische nächste Schritt, wie ihre Biografin Elisabet Svane sagt. Sie will die Regeln mitgestalten und nicht mehr nur durchsetzen. Sie kennt die Grenzen des Wettbewerbsrechts. Es greift bei Themen wie künstliche Intelligenz und Netzwerkeffekte zu wenig. Deswegen müssen sie neu gedacht werden.

«Die nächste EU-Kommission wird ihr Mandat mit einem sehr fortge-schrittenen Verständnis der digitalen Märkte starten können, dank der jahrelangen umfangreichen Analysen und gründlichen Untersuchungen von Vestager», sagt die Wettbewerbsexpertin Marta Testagrossa.

Vestager weiss, dass die EU an Tempo zulegen muss, um die Auswüchse im digitalen Markt in den Griff zu bekommen. Ein europaweiter Standard für Datenformate sowie ein griffiger Rechtsrahmen für die Zukäufe der Tech-Monopolisten sind die Knacknüsse, die sie als Erstes angehen[51] will.

Vestager legt damit ihre politische Agenda vor. Nun muss sie nur noch gewählt werden.

Recherche-Update vom September 2020

Nach monatelangem Ringen um den Vorsitz der EU-Kommission machte die CDU-Spitzenpolitikerin Ursula von der Leyen das Rennen. Margarete Vestager war aufgrund der geringen Wählerstärke der Partei nicht mehr-heitsfähig, doch von der Leyen holte die populäre liberale Politikerin an Bord und vertraute ihr das Exekutiv-Vizepräsidium an. Ausserdem wurde sie Kommissarin für Digitales. Vestager erhielt damit offiziell ein Mandat, um ihre strenge Linie der Durchsetzung der Wettbewerbsregeln fortzusetzen. Die Dänin hatte ausserdem das von der Kommission präsentierte Whitepaper über den europäischen Umgang mit Künstlicher Intelligenz stark mitgeprägt. Weitere Fazits folgen im Schlusskapitel.

Quellen

1   <https://www.nytimes.com/2018/05/05/world/europe/margrethe-vestager-silicon-valley-data-privacy.html>

2   <https://www.welt.de/politik/ausland/article194555517/Wer-wird-Praesident-der-EU-Kommission-Vier-Szenarien.html>

3   <https://www.handelsblatt.com/unternehmen/it-medien/sxsw-2019/margrethe-vestager-in-den-usa-geht-europas-wettbewerbshueterin-hart-gegen-it-konzerne-vor/24088004.html?ticket=ST-586220-SegDDEcPJlp7nysXsTrI-ap5>

4   <https://www.youtube.com/watch?v=g1o3YLeEN5A&t=930s>

5   Siehe Kapitel Europa vs Big Tech S.>

6   <https://www.nzherald.co.nz/business/news/article.cfm?c_id=3&objec-tid=11855226>

7   <https://edition.faz.net/faz-edition/wirtschaft/2019-04-15/bd009f3e94024cd4ec5d1afdc2532861?GEPC=s9>

8   <https://www.theguardian.com/world/2017/sep/17/margrethe-vestager-people-feel-angry-about-tax-avoidance-european-competition-commissioner>

9   <https://www.youtube.com/watch?v=90OhCfyYOOk>

10 <https://www.zeit.de/politik/ausland/2019-05/margrethe-vestager-eu-kom-missarin-techfirmen-wettbewerbsrecht>

11 <https://www.zdnet.de/88193761/wettbewerbskommissar-almunia-verteidigt-einigung-mit-google/>

12 <https://www.ombudsman.europa.eu/en/press-release/en/59265>

13 <http://www.europarl.europa.eu/hearings-2014/resources/library/media/20141022RES75845/20141022RES75845.pdf>

14 <http://europa.eu/rapid/press-release_STATEMENT-17-1806_en.htm>

15 <https://www.bloomberg.com/news/articles/2019-03-20/google-s-decade-of-antitrust-battles-with-the-european-union>

16 <https://www.tagesspiegel.de/wirtschaft/eu-kommissarin-vestager-wir-brau-chen-einen-faireren-globalen-wettbewerb/24110484.html>

17 <https://thecapitolforum.com/>

18 <http://europa.eu/rapid/press-release_IP-15-4780_de.htm>

19 <https://www.sueddeutsche.de/wirtschaft/wettbewerbsverfahren-google-droht-milliardenstrafe-aus-bruessel-1.2957927>

20 <https://www.bloomberg.com/news/articles/2019-03-20/google-s-decade-of-antitrust-battles-with-the-european-union>

21 Siehe Kapitel Europa vs Big Tech, S.>

22 <http://fortune.com/2016/08/25/whatsapp-facebook-privacy/>

23 <https://www.nytimes.com/2015/04/16/business/international/margrethe-vestager-the-danish-politician-who-brought-antitrust-charges-against-google.html>

24 <https://www.cnbc.com/video/2019/03/28/watch-cnbcs-full-interview-with-eu-competition-commissioner-margrethe-vestager.html>

25 <https://www.politico.com/newsletters/morning-tax/2018/06/11/your-tax-lady-248338>

26 <https://www.hs.fi/sunnuntai/art-2000005598456.html>

27 <https://www.nzz.ch/wirtschaft/eu-ermahnt-irland-endlich-die-13-milliar-den-euro-von-apple-einzufordern-ld.1320032>

28 <https://www.euractiv.com/section/competition/news/commission-orders-amazon-to-pay-e250-million-in-back-taxes/>

29 <https://www.handelszeitung.ch/unternehmen/vestager-wir-wollen-kein-wachstum-um-des-wachstums-willen>

30 <http://europa.eu/rapid/press-release_IP-18-421_en.htm>

31 <https://techcrunch.com/2019/06/03/alphabet-apple-amazon-and-facebook-are-in-the-crosshairs-of-the-ftc-and-doj/>

32 <https://www.computerworld.ch/business/wettbewerb/us-kongress-markt-macht-hightech-konzernen-untersuchen-1715307.html>

33 <https://www.accc.gov.au/media-release/accc-releases-preliminary-report-into-google-facebook-and-australian-news-and-advertising>

34 <https://www.reuters.com/article/us-eu-apple-cook-idUSKCN1173Q2>

35 <https://www.faz.net/aktuell/wirtschaft/eu-kommissarin-vestager-droht-google-hat-90-tage-zeit-um-sein-verhalten-zu-aendern-15696941.html>

36 <https://www.euractiv.com/section/data-protection/news/force-tech-giants-to-share-data-rather-than-break-them-up-academics/>

37 <https://www.ft.dk/samling/20131/lovforslag/l110/20131_l110_som_frem-sat.htm>

38 <https://politiken.dk/viden/art5465743/788.000-danskere-afviser-forskere>

39 <https://www.version2.dk/artikel/s-ordfoerer-irettesaetter-it-folk-vi-kan-sag-tens-lave-hemmelige-e-valg-51038>

40 <https://www.ft.dk/samling/20121/lovforslag/l132/index.htm>

41 <https://www.zeit.de/politik/ausland/2019-05/margrethe-vestager-eu-kom-missarin-techfirmen-wettbewerbsrecht>

42 <https://www.wired.co.uk/article/margrethe-vestager-eu-fines-google>

43 <https://www.welt.de/politik/ausland/plus190587435/Margrethe-Vestager-Liberale-will-EU-Kommissionschefin-werden.html>

44 <https://www.welt.de/politik/ausland/plus190587435/Margrethe-Vestager-Liberale-will-EU-Kommissionschefin-werden.html>

45 <https://www.bbc.com/news/world-europe-32410052>

46 <https://www.hs.fi/sunnuntai/art-2000005598456.html>

47 <https://www.forbes.at/artikel/kraeftemessen.html>

48 <https://www.nzz.ch/international/nach-der-europawahl-sind-die-liberalen-im-hoch-doch-die-allianz-mit-macron-birgt-auch-risiken-ld.1485619>

49 <https://www.sueddeutsche.de/politik/eu-parlament-kandidaten-kommissionschef-1.4465865>

50 <https://www.sueddeutsche.de/politik/europawahl-vestager-eu-kommission-1.4466572>

51 <https://www.nzz.ch/wirtschaft/eu-wettbewerbspolitik-neues-ungemach-fuer-google-co-ld.1479144>

Der Spion im Schulzimmer

Google rüstet den digitalen Klassenraum aus – und sammelt so die Daten von Minderjährigen. Kann die Schweiz die Totalüberwachung noch stoppen?

Erschienen in der Republik, 02. Juli 2019

Auf den ersten Blick ist es ein willkommenes Geschenk für Schulen in Zeiten des Spardrucks. Sichere Infrastruktur, modernes, benutzerfreundliches Design und leistungsfähige Funktionen. Und das praktisch zum Nulltarif.

G Suite for Education heisst das Bildungsangebot von Google, das immer beliebter wird in den Schweizer Klassenzimmern. Es handelt sich um eine Art eingeschränkten Google-Kosmos, die Schüler haben nur auf einzelne Dienste wie Google Docs oder spezifische wie Classroom Zugriff. Über 40 Millionen Schüler und Lehrerinnen[1] weltweit nutzen G Suite.

In der Theorie ist G Suite eine geschlossene, werbefreie Welt. Doch in der Praxis startet ab diesem Zeitpunkt die Datensammlung über Ihre Kinder. Legasthenie-Schwächen, Vorlieben für Sportthemen oder Nachtaktivität – der Tech-Konzern weiss damit über die Interessen und Vorlieben von Neunjährigen früh Bescheid.

Genau diese umfassende Datensammlung zu Primarschülern will die nationale Fachagentur für ICT und Bildung Educa.ch verhindern. Oder zumindest regulieren. Die Agentur verhandelt schon seit Monaten mit Google Schweiz, wie Recherchen der Republik zeigen. Eigentlich hätte der Rahmenvertrag bereits im Mai in trockenen Tüchern sein sollen.

Doch die Verhandlungen ziehen sich hin. Der Grund: Der Suchmaschinenkonzern zeigt bei zwei zentralen Forderungen der Schweizer null Entgegenkommen: beim Datenschutz und bei Haftungsfragen.

Der Fall Konolfingen

Die Berner Schule Konolfingen arbeitet seit 2014 mit dem Bildungsangebot von Google. Gearbeitet wird hier mit Chromebooks, die Hausaufgaben werden digital erledigt mit Google-Services wie Docs und
Classroom.

Der ICT-Verantwortliche der Schule, Samuel Jäggi, stellte im November
2018 an der Fachtagung von Educa.ch G Suite for Education[2] vor. «Ich
vertraue Google, dass sie unsere Daten schützen und uns nicht Schaden
zufügen.»

Jäggi kann in der Tat nur vertrauen. Denn Rechtssicherheit hat die Schule
Konolfingen keine. Anders als bei Microsoft, das immer noch von den
meisten Schweizer Schulen verwendet wird, existiert noch kein Rahmenvertrag mit den Schweizer Bildungsbehörden. Gerichtsstand ist immer
noch Irland beziehungsweise die USA. Und Google hat sich «sichere» Haftungsklauseln auferlegt[3], welche den Konzern von vielen Verpflichtungen
befreien.

Kritisiert hat das etwa die Berner Erziehungsdirektion in einem Bericht
2015.[4] Es brauche wie bei Microsoft dringend einen Rahmenvertrag. Denn
in letzter Instanz ist die Schule Konolfingen für die Datenbearbeitung
durch Google-Apps verantwortlich und nicht der Tech-Konzern. Weil es
sich beim Thema Cloud-Computing lediglich um eine Auslagerung handelt an einen externen Dienstleister.

Das Bildungsdepartement der Gemeinde Konolfingen hatte aber in dieser
Sache das letzte Wort. Und gab grünes Licht. Seither arbeitet die Schule
mit dem virtuellen Klassenzimmer des Tech-Giganten – ohne rechts-
staatliche Garantien. Denn es gilt Google-Recht.

Bei kritischen Fragen zum Datenschutz verweisen Jäggi und auch Google-
Sprecher Samuel Leiser auf die zahlreichen Datenschutz-Links im Netz.

Doch wer sich durch das Dickicht der im Netz verstreuten Vertragsdokumente[5] kämpft, braucht einen langen Atem. Viele Begriffe sind uneindeutig formuliert mit viel Interpretationsspielraum.

In Konolfingen sieht man das Thema durchaus kritisch, aber auch gelassen. Weil es sich nur um Unterrichtsmaterial handelt. Prüfungen und Tests würden nicht auf G Suite durchgeführt. «Personenbezogene Daten bleiben auf dem Server der Schule», sagt der Abteilungsleiter der Gemeinde Konolfingen Bernhard Bacher der «Berner Zeitung».[6]

Das Thema Datenauswertung ist damit aber längst nicht vom Tisch.

Google personalisiert – und bedient sich überall

Google will entwarnen: Die G-Suite-Welt ist werbefrei. In etlichen Werbevideos versichern Google-Managerinnen[7], dass keine Werbeprofile für die Schüler angelegt werden. Dies gilt für die Hauptangebote[8] von G Suite: Classroom, Kalender, Drive (Dokumente), Gmail (E-Mail) und Chrome (Browser).

Datenverknüpfung passiert jedoch trotzdem. Google schreibt, dass sie ihre Dienste übergreifend «verbessern»[9], sprich: personalisieren. In einem der Links steht schwarz auf weiss: «Ausserdem werden Nutzern mithilfe dieser Daten speziell zugeschnittene Inhalte wie relevantere Suchergebnisse angeboten.»

Spätestens hier wird klar: Von der Illusion eines geschützten Kokons für Kinder müssen sich Eltern verabschieden.

Das Profiling – also massgeschneiderte Inhalte gemäss persönlichen Interessen – beginnt ab dem Zeitpunkt der Eröffnung einer Gmail-Adresse. Privates Surfen und Schulaktivitäten werden damit seit frühester Kindheit verwoben. Achtjährige lernen also: Willkommen in der personalisierten Welt von Google.

Ein mögliches Szenario wäre demnach: Die Legasthenie-Schwäche eines Schülers (der in Google Docs beispielsweise fehlerhafte Titel setzt) mündet vielleicht früher oder später in Empfehlungen für Nachhilfe-Tutorials auf Youtube.

Die Schule Konolfingen ist sich des Themas bewusst. Und will proaktiv vorgehen. Es sei besser, wenn die Schüler heute mit der Realität konfrontiert und zur Selbstverantwortung erzogen würden. Eine «geschützte, abgekapselte Welt bringt niemandem etwas», sagt Jäggi. «Die erfolgreiche Schule kann kein Aquarium sein», ergänzt Bacher. Wichtig sei es, für das Thema Personalisierung allgemein zu sensibilisieren und Schüler aufzuklären.

Schliesslich bedürfe es einer gesamtgesellschaftlichen Debatte, findet auch Beat Döbeli Honegger, Leiter des Instituts für Medien und Schule an der Pädagogischen Hochschule Schwyz. Zwei Fragen müssten dabei geklärt werden: «Ist die Schule eine Parallelwelt, wo man sich mit staatlich bewilligten Filtern abschotten soll, um Schüler vor Personalisierung zu schützen? Und welche Macht sollen private Plattformen in der Bildung haben?»

Viel Macht und Bürde für Administratoren

Wer die Datenschutzdokumente von G Suite genau durchliest, dem fällt auf: Die Privatsphäre steht und fällt mit dem Verhalten der Schuladministratoren, also der Lehrer oder der IT-Verantwortlichen.

In den Datenschutzhinweisen für G Suite for Education[10] findet man öfters die Wendung «Abhängig davon, welche Einstellungen die Bildungseinrichtung aktiviert hat ...» – genau so oder ähnlich. Einige Google-Dienste sind quasi «per Geburt» zugänglich für die Schülerinnen, so etwa der Zugang zu Youtube. Erst mit Deaktivierung – im Jargon: *opt-out* – werden die Dienste gesperrt.

Der Administrator muss also zuerst alle Häkchen entfernen. Versäumt er dies, kann eine Neunjährige Youtube-Filme konsumieren, samt ihrem Profilbild öffentlich kommentieren und erhält dazu auch noch Werbung.

Auch wenn sich Schulleitungen, Lehrerinnen und IT-Verantwortliche wie in Konolfingen[11] vertieft mit diesen Fragen auseinandersetzen: Sind die Schulen dieser grossen Verantwortung wirklich gewachsen?

Genau diese rechtlichen Grauzonen will die Fachagentur des Bundes und der Kantone Educa.ch aus dem Weg räumen. Seit Monaten verhandeln die dafür zuständigen wissenschaftlichen Mitarbeiter Markus Willi und Simon Graber mit Google Schweiz. Das Ziel: Rechtssicherheit für Schweizer Schulen. Bei Klagen von Eltern soll ein Schweizer Gericht angerufen werden können. Und es gilt Schweizer Recht vor Google-Recht. Ein grosser Teil der Verträge von Google würde damit keine Gültigkeit mehr haben.

Datenschutz ist Killerkriterium

Recherchen der Republik zeigen, dass der Suchmaschinenkonzern bei der Gerichtsbarkeit zwar Entgegenkommen signalisiert. Doch bei den heiklen Themen wie Profiling – also der Verknüpfung aller Google-Daten zu einem persönlichen Profil – will er nicht von seinen Bestimmungen abrücken.

Ob der Rahmenvertrag zustande kommt, steht und fällt mit dem Datenschutz. «Der Datenschutz ist ein Killerkriterium», sagt Markus Willi.

Die Verhandlungen sind blockiert. Die nationale Bildungsagentur Educa.ch orientiert sich an der kantonalen, der Schweizer und der europäischen Norm. Anders Google: In den Datenschutzdokumenten wird die europäische DSGVO gar nicht erst erwähnt. Google beruft sich amerikanisches Recht und stützt sich dabei auf FERPA[12] (Family Educational Rights and Privacy Act).

Auch bei den oben erwähnten Haftungsklauseln gibt es Dissens. Google spricht sich von vielen Haftungsfragen[13] frei: «Keine Partei haftet aus dieser Vereinbarung für entgangene Erträge oder indirekte Schäden (...), selbst wenn die Partei wusste oder hätte wissen sollen, dass solche Schäden möglich waren (...)» Solche Sätze sind ein absolutes No-Go für Educa.ch. Das würde kein Schweizer Gericht akzeptieren, sagt Willi. Für Educa.ch ist dieser Punkt zentral, weil ansonsten die Schulen für Datenlecks haften.

Zurzeit befindet man sich in einer heiklen Phase. Mehr möchte Educa.ch nicht sagen. Auch zu Fragen der Konventionalstrafe – also wie hoch die Busse ist, die Google bei Vertragsverletzung zahlen müsste – äussert sich die Fachagentur nicht. «Wir bitten um Verständnis, dass wir zu den aktuell laufenden Vertragsverhandlung mit der Firma Google keine Angaben machen können.»

Nun ist das Team des Zürcher Datenschützers Bruno Baeriswyl am Zug. Im Rahmen eines Mandats von Privatim – der Datenschützerkonferenz – begutachtet es den bestehenden Rahmenvertrag mit den Schweizer Hochschulen.[14] Federführend ist hier die Stiftung Switch.

Man habe dafür vierzehn Monate mit Google-Managern verhandeln müssen, sagt Switch-Sprecher Immo Noack. Wie auch bei Educa.ch gilt beim Switch-Entwurf dreimal Schweizer Vorrang: beim Datenschutzrecht, bei der Gerichtsbarkeit und den Haftungsregelungen. Bei erfolgreichem Abschluss werde der Entwurf auch von Educa.ch übernommen, schreibt die Fachagentur auf Anfrage. Privatim will die Prüfung noch vor den Sommerferien abschliessen. Danach ist der Ball bei Google.

Insider zweifeln daran, dass der Educa.ch-Rahmenvertrag zustande kommt. Google wird an seinen globalen Regeln festhalten und für die Schweiz sicher keine Ausnahme machen, so die Überzeugung.

Sicherheit als Hauptargument für G Suite

Weshalb entscheiden sich Schweizer Primarschulen überhaupt dafür, mit einem amerikanischen Tech-Giganten zusammenzuarbeiten? Da wäre zum einen das Kostenargument. Kosten fallen nur für Domain und Hosting an. Für Konolfingen waren das insgesamt 50 Dollar, mit anderen Worten: Die Nutzung von G Suite ist praktisch gratis.

Beim Vertrieb der Chromebooks kommt Google kleinen Schulen preislich entgegen. Doch die Hardware ist keine Voraussetzung für G Suite, benötigt wird lediglich ein Internetbrowser.

Für die Schule Konolfingen waren allerdings andere Faktoren entscheidend: Leistungsfähigkeit, Schnelligkeit, Datensicherheit. Hier ist der globale Player unschlagbar. Denn bei Google arbeiten die besten Sicherheitsingenieure der Welt. Google-Sprecher Samuel Leiser sagt: «Unsere Systeme gehören zu den sichersten in der Branche.»

Das Hacking-Argument zieht. Google schütze die Schulen besser vor unbefugten Zugriffen, findet auch Informatik-Didaktiker Beat Döbeli Honegger. «Grossen Firmen traue ich eher zu, dass sie die Daten sicher halten können. Einfach deshalb, weil sie rein ökonomisch mehr Ressourcen zur Verfügung haben.»

Lehrpersonen und Schulleitungen hätten damit auch weniger Sorgen bei der IT-Beschaffung. Auf einen Marktführer zu setzen, ist die sichere Investition.

Schweiz ist mit Rahmenvertrag die Ausnahme

Die britische Privacyaktivistin Jen Persson von der NGO Defend Digital Me sieht in der «Googlisierung der Bildungslandschaft» vor allem ein strategisches Interesse. «Ich frage mich, ob es sich hier nicht einfach um ein weiteres trojanisches Pferd in staatlicher Infrastruktur handelt, in die sich der Tech-Konzern einkaufen will.»

Google könne dann wertvolles Meta-Wissen ansammeln – etwa darüber, wer sich wie und wann in die Bildungsdienste einlogge sowie über die Schwächen und Bedürfnisse von Schulen. Würden alle Schulen beispielsweise mit den «Google-Formularen» Quiz durchführen, verfüge der Tech-Konzern bald genauere Daten über deren Leistungsfähigkeit als die Pisa-Erhebung.

Auch Microsoft hat dieses Meta-Wissen gesammelt – und wurde deswegen vom niederländischen Justizministerium gerügt.[15] Der Konzern erhob sogenannte Diagnosedaten. Damit landen sensible Informationen auf US-Servern, etwa welche Websites von Nutzerinnen besucht wurden. Der Konzern passte seine Software nach der Warnung umgehend an. Mit dem Microsoft-Rahmenvertrag[16] hatten Schweizer Datenschützer ein griffiges Instrument in der Hand.

Privacy-Organisationen wie Defend Digital Me sind überzeugt: Bei G Suite geht es darum, Kinder frühzeitig an das Google-Ökosystem zu binden. Bereits Sechsjährige sollen über eine Google-ID verfügen, am besten mit Klarnamen. Gegen diese Kommerzialisierung der Kinder möchten die Datenschützer vorgehen, sie prüfen derzeit, inwiefern Google-Schulen DSGVO-konform operieren.

Jen Persson beneidet die Schweiz. Denn sie ist eines der wenigen Länder, in der Googles Gebaren im Bildungsmarkt in Zukunft vielleicht reguliert wird.

Ihr Rat an Educa.ch: Verhandelt gut.

Recherche-Update vom September 2020

Der Beitrag hat einiges ausgelöst. Republik-Verlegerinnen haben sich gemeldet, deren Kinder ebenfalls eine «Google-Schule» besuchen und die bei heiklen Aufsätzen zur Selbstzensur angehalten werden. So sollen Schülerinnen auf Google Docs etwa nicht wahrheitsgetreu über die Krankheiten oder die sexuelle Orientierung von echten Personen schreiben. Seit meiner Veröffentlichung hatten die Verhandlungen wieder Fahrt aufgenommen. Google bewegte sich und war gemäss Auskunft von mehreren Quellen im Dezember 2019 offenbar einverstanden, alle drei «heissen Eisen» – Gerichtsbarkeit, Datenschutzrecht und Haftung – in den Vertrag aufzunehmen. Ausserdem haben sich auch noch Apple und Adobe mit den Schweizer Bildungsvertretern an den Tisch gesetzt. Am 29. April 2020 – passenderweise mitten in der Pandemie-Krise, wo Fernunterricht zu Hause zur Pflicht erhoben wurde – verkündete die Fachagentur educa.ch positive Schlagzeilen: den Durchbruch des Rahmenvertrags mit dem Suchmaschinenkonzern.[17] Damit ist der Fachagentur ein internationaler Coup gelungen, jedoch nur auf den ersten Blick. Wer die Medienmitteilung liest und nachfragt, erfährt, dass nicht alle Forderungen durchgesetzt werden konnten: «Switzerland First» gilt nur für die kostenpflichtigen Versionen G Suite Enterprise for Education und ebenfalls «nur» für die Hauptdienste wie etwa Google Mail, Calendar und Classroom.

G Suite Entreprise for Education unterscheidet sich nicht wesentlich von der Gratisversion, Google bietet dasselbe Angebot bei besserer Sicherheit und mehr Kontrollmöglichkeiten. Die weit verbreitete Gratisversion kann jedoch nicht datenschutzkonform nach Schweizer Massstab genutzt werden. Doch sind nun mit dem Rahmenvertrag auch Nutzungsprofile, also die Verknüpfung von Google-Diensten zu einem einheitlichen Schülerinnenprofil, ausgeschlossen?

Nein, die Bestimmungen drehen sich weiterhin nur um Werbeprofile und kommerzielle Nutzungen, wie eine Nachfrage bei Simon Graber von educa.ch ergab. Profiling per se kann also nicht ausgeschlossen werden und zu einem späteren Zweck (die gesammelte Daten-Historie eines Schülers mit G Suite-Profil) durchaus für kommerzielle Zwecke aktiviert werden. Haben Schülerinnen Zugriff auf Youtube oder wird nur mit der Gratis-Version gearbeitet, werden damit weiterhin Nutzungs- und Werbeprofile von Schülerinnen erstellt, und zwar schon im Kindesalter von 7 Jahren.

Die Verantwortung für den Ausverkauf von Schülerdaten liegt also teils bei den Schulen. Der Rahmenvertrag bietet gewisse Rechtssicherheit, aber er kann nicht vor den Machine Learning-Algorithmen und Personalisierung des Google-Konzerns schützen.

Ungelöst bleiben zudem andere Fragen, nämlich die Begehrlichkeiten von US-Behörden: Mit dem «Cloud Act» sichern sich die US-Behörden[18] den Zugriff auf die sensiblen Schülerdaten der in den USA ansässigen Tech-Giganten. Und dieser zielt auch auf die Cloud-Riesen Microsoft, Google und Apple ab, die im Schweizer Bildungsmarkt mitmischen wollen. Dagegen helfen auch Rahmenverträge nichts.[19] Die US-Behörden können also auf alle Arten von Texten, Aufsätzen von hiesigen Schülerinnen zurückgreifen.

Die Bildungsvertreter der EU-Staaten haben zwar Abkommen mit den Tech-Giganten. Dafür verfügen sie mit der DSGVO über ein strengeres Regelwerk als die Schweiz. Gegen den Datentransfer in die USA der Microsoft-Daten wehrten sich etwa niederländische Behörden[20] und auch der hessische Datenschützer[21]. Beide konstatierten nach einer eingehenden rechtlichen Analyse, dass Microsoft Office 365 und Windows 10 in keiner Weise DSGVO-konform seien. educa.ch wäre gut darin beraten, angesichts boomender Videokonferenzsoftware und Bildungstechnologien weitere Rahmenverträge abzuschliessen: etwa mit dem beliebten und umstrittenen Tool ZOOM. Immerhin: Mit Cisco[22] ist die Fachagentur – wegen des beliebten Videotools «Webex» – bereits am Verhandeln.

Quellen

1   <https://www.engadget.com/2019/06/19/google-chromebook-app-hub-class-room-updates/>

2   <https://www.educa.ch/de/fachtagung2018/keynotes#BacherJaeggi>

3   <https://gsuite.google.com/intl/de/terms/premier_terms_prepay.html>

4   <https://www.bern-ost.ch/Konolfingen---Google-erobert-das-Schulzimmer-74909>

5   <https://gsuite.google.com/intl/en/terms/education_privacy.html>

6   <https://gsuite.google.com/intl/en/terms/education_privacy.html>

7   <https://www.youtube.com/watch?v=Tq6tXmonx3U>

8   <https://gsuite.google.com/intl/de/terms/user_features.html>

9   <https://gsuite.google.com/terms/education_privacy.html>

10   <https://gsuite.google.com/intl/de/terms/education_privacy.html>

11   <https://www.schulekonolfingen.ch/organisation/ict-konzept/>

12   <https://gsuite.google.com/intl/de/terms/education_terms.html>

13   <https://gsuite.google.com/intl/de/terms/premier_terms_prepay.html>

14   <https://www.switch.ch/de/stories/g-suite/>

15   <https://www.zdnet.de/88347263/niederlande-sammlung-von-microsoft-office-telemetriedaten-verstoesst-gegen-dsgvo/>

16   <https://www.educa.ch/de/rahmenvertraege>

17   <https://www.educa.ch/de/rahmenvertraege/vertraege/google>

18   <https://www.golem.de/news/cloud-act-microsoft-will-datenzugriff-der-usa-im-ausland-begrenzen-1809-136606.html>

19   <https://www.privatim.ch/wp-content/uploads/2019/12/privatim-Cloud-Papier_v2_1_20191217.pdf>

20   <https://privacyinternational.org/examples-abuse/1902/dutch-dpa-microsoft-breaches-data-protection-law-windows-10>

21   <https://www.datenschutzbeauftragter-info.de/microsoft-office-365-fuer-schulen-nicht-datenschutzkonform-nutzbar/>

22   <https://www.educa.ch/de/rahmenvertraege/>

360°-Überwachung «made in Turkey» - jedes Gesicht in Sekunden identifiziert

Die Firma Ekin Technology bietet für die Polizei intelligente Technologie zur Gesichtserkennung an und will in der Schweiz Fuss fassen. Derzeit werden ihre Produkte vom Bund geprüft. Sie sind ein einziger Überwachungs-Albtraum.

Erschienen in der Republik, 29. Oktober 2019

Die aufwendig produzierten Filmchen könnten problemlos an einem Filmfestival gezeigt werden. Zumindest enthalten die Werbevideos der Firma Ekin Technology einige vielversprechende Blockbuster-Zutaten:

- verdächtig aussehender Gegenstand auf der Strasse;
- Überwachungszentrale mit hochauflösenden Bildschirmen;
- rasender Polizeiwagen mit viel eingebauter Technologie;
- viel Tempo, viel Beat;
- wichtig aussehende Agenten;
- gestochen scharfe Aufnahmen von Passanten;
- Identifikation mit der passenden ID-Nummer in Echtzeit.

Doch worum geht es in diesen Clips von Ekin Technology[1] tatsächlich?

Die türkische Firma bietet mobile 360°-Überwachung an. Hardware und Software. Beliebt und viel beworben ist der Ekin Patrol Car: Im Lichtbalken auf dem Dach des Polizeiwagens versteckt befinden sich Kameras, Prozessor und Scanner. Die dahinterliegende Technik kann nicht nur Verkehrssünder aufspüren, sondern auch unbescholtene Passanten in Sekunden identifizieren.

Eine Leistung, die man bisher nur aus den Promo-Filmen für das chinesische Scoring-System[2] oder Amazons Rekognition-Software kennt.

Verkauft werden die Produkte in den USA, in Abu Dhabi, in Aserbaidschan – und vielleicht bald auch in der Schweiz.

Die Schweiz taucht als Kundenreferenz der Firma immer wieder auf. Warum? Welches Schweizer Polizeikorps arbeitet mit Ekin Technology zusammen? Einer Firma, die sich auf ihrer Website rühmt, «Day & Night First Class Surveillance»[3] anzubieten, und von sich behauptet, jedes «Gesicht in wenigen Sekunden»[4] zu erkennen?

Und sind solche smarten Polizeiwagen überhaupt legal in der Schweiz?

Die Suche nach Antworten auf diese Fragen fördert eine Geschichte zutage, die an einer Universität in den USA beginnt, zu einem Dorfpolizisten nach Rüschlikon und dann zu einem Fake-Polizeiwagen in der Stadt Zürich führt und vorerst beim Bundesamt für Polizei Fedpol endet.

Die Recherche ist der Auftakt zu einer neuen Serie der Republik: über Technologien, die der Staat für sich entdeckt – Algorithmen und Automatisierungsprogramme zur Überwachung von Bürgerinnen, zur Steuerung von Polizeieinsätzen, zur Beurteilung von Straftätern, zur Verteilung von Flüchtlingen und zur Rekrutierung von Lehrlingen.

Die Spur in die Schweiz

Vor rund einem Monat. Die Carnegie University in Pittsburgh, USA, veröffentlicht eine umfassende Studie über den Einsatz von intelligenten Überwachungssystemen. Aufgelistet werden darin alle Länder der Welt, die Gesichtserkennungstechnologien kaufen oder potenziell erwerben werden.

Die Studie machte hellhörig.

Während unsere Nachbarstaaten wie Deutschland und Frankreich für Überwachungssysteme auf die «üblichen» Bekannten setzen – die US-amerikanischen Tech-Unternehmen Cisco und Palantir sowie den chinesischen Netzausrüster Huawei –, taucht bei der Schweiz ein bisher in der Öffentlichkeit völlig unbekannter Name auf: Ekin Technology.

Ein Unternehmen, das vom Ehepaar Akif und Suzan Ekin 1998 in der Türkei gegründet wurde und von sich selbst behauptet, der Marktleader in Sachen «Safe City Technologies»[5] zu sein. 20 Städte weltweit sollen bereits mit seiner «Alleskönner»-Software Red Eagle[6] arbeiten.

Das Werbevideo von Ekin Safe City kann hier[7] abgerufen werden.

Ein Programm, das Gesichter, Nummernschilder und Geschwindigkeiten gleichzeitig erkennen kann. Das Unternehmen gewann mehrere Preise[8], ist unter anderem «Design Award Winner for Security and Surveillance Products in 2017–2018». Ekin belieferte 2006 auch die Fifa[9] mit Sicherheitstechnologie für die Austragung der Fussball-WM in Deutschland.

Wer in der Schweiz interessiert sich dafür?

Dorfpolizist und Verwaltungsrat

Wer auf der Website der Firma nach Schweizer Referenzen[10] sucht, stösst immer wieder auf denselben Namen: Gerhard Schaub.

Schaub ist Gemeindepolizist in Rüschlikon. Und Präsident des Zürcher Polizeibeamtenverbands.[11]

In seinem Kundentestimonial für Ekin Technology schwärmt Schaub begeistert von der ganzen Ekin-Produktepalette: «Ekin is the only supplier in the world who can provide the total package for us policemen in one.» (Ekin ist der weltweit einzige Anbieter, der das Gesamtpaket für uns Polizisten in einem Produkt anbieten kann.)

Gerhard Schaub ist viel mehr als ein Botschafter der Firma, wie Recherchen der Republik zeigen: Schaub ist Verwaltungsrat von Ekin Swiss, dem Schweizer Ableger von Ekin Technology mit einem Büro in Unterengstringen.[12]

Ein Schweizer Polizist als Verwaltungsrat einer türkischen Überwachungsfirma?

Zunächst reagieren weder Schaub noch Ekin-Gründer und CEO Akif Ekin auf Anfragen der Republik.

Die Republik schreibt daher Polizeikorps und weitere Kaderpersonen von Ekin Technology an, um mehr über die Verbindungen der türkischen Überwachungsfirma und ihres Dorfpolizisten als Verwaltungsrat zu erfahren. Das löst hinter den Kulissen hektisches Treiben aus: Eilsitzungen werden einberufen, E-Mails untereinander weitergeleitet – die ganze Sache ist delikat.

Ein Fake-Polizeiwagen in Zürich

Die Schweiz spielt in allen Publikationen und Referenzen von Ekin immer wieder eine grosse Rolle.

- **Im Fernsehen:** zum Beispiel in der Sendung «Campus Doku»[13], einer Produktion des Bayrischen Rundfunks. Im Film sieht man ein fahrendes «intelligentes» Testmodell von Ekin. Schauplatz: Bahnhofbrücke Zürich (im Video ab 20:00 Minuten). Der Polizeiwagen erkennt beim Vorbeifahren gesuchte Autos. Die Trefferquoten lägen bei 80 Prozent, sagt Derya Kilic in der Sendung, sie ist bei Ekin Managerin Business Development.

Weshalb wurden die Aufnahmen vom September 2018 in Zürich gedreht und nicht etwa in Stuttgart, wo Ekin sein Deutschland-Büro unterhält?

Anfrage bei den Journalisten des Bayrischen Rundfunks. Die begehrten Testmodelle wie der Ekin Patrol Car würden sich in der Schweiz befinden, sagen sie. In Unterengstringen biete Ekin zudem einen Showroom mit Monitoren für sein Gesichtserkennungssystem an. Man habe eine Drehbewilligung für die Aufnahmen eingeholt.

Anfrage bei der Stadtpolizei Zürich. Ja, die Stadtpolizei sei über die Aktion informiert gewesen, bestätigt Sprecherin Judith Hödl. «Jedoch wussten wir nicht, dass das angeschriebene Polizeiauto von einer zivilen Person und nicht vorschriftsgemäss von einer Polizistin oder einem Polizisten gelenkt wurde. Dabei handelt es sich um eine Übertretung.» Man verfolge den Vorfall jedoch nicht weiter, aus Gründen der Verhältnismässigkeit.

Testet die Stadtpolizei Ekin-Modelle?

«Nein.»

– **In den sozialen Netzwerken:** Am 17. September 2019 postet Ekin Technology auf den Social-Media-Plattformen Twitter, Facebook und Instagram[14] einen identischen Beitrag: «We finalized the third of our smart event series in Switzerland with Ekin Polizei Symposium!»

Was war das für ein Anlass? Und warum ist ausser diesen Social-Media-Beiträgen nichts über dieses ominöse «Ekin-Polizei-Symposium» zu finden?

Die Republik ermittelt den Ausstellungsort und lokalisiert ihn mit Google Street View.[15] Demnach muss das Ekin-Symposium an der Dorfstrasse 57 in Unterengstringen stattgefunden haben, dem Sitz der Ekin Swiss AG. Auf den Postings ist unter anderem CEO Akif Ekin zu sehen.

– **In Fachzeitschriften:** Im Polizeimagazin «Tatort»[16] von Oktober 2017 erscheint ein Bericht zu einer Messe über «mobile Verkehrssicherheit». Ausstellungsort sind die Zugerland Verkehrsbetriebe. Auch hier wird von den «zukunftsweisenden Systemen der Firma Ekin mit der Gesichts- und der Kontrollschilderkennung» geschwärmt. Geschrieben hat den Text: Gerhard Schaub. Auch den Event hat er gleich selbst organisiert – im Namen des Zürcher Polizeibeamtenverbands.[17]

Aus «Passion» und Terrorangst

Nachdem ihn Mitarbeiter und Vorgesetzte in Rüschlikon über die Anfragen der Republik informierten, nimmt Gerhard Schaub endlich den Hörer ab.

Sichtlich verärgert über die Republik-Recherchen.

Schaub redet in einem 35-minütigen Monolog ohne Atempause über drohende Terrorgefahren und seine Vorstellungen einer sicheren Schweiz. Schaub ist überzeugt, die Schweiz wird bald ihren ersten Anschlag erleben.

Nein, als Verwaltungsrat und Botschafter für Ekin Technology erhalte er kein Geld – das sei «seine Passion», sagt Schaub.

Er habe die Unternehmensgründer an einer Polizeimesse in Deutschland kennengelernt und sei vom intelligenten Polizeiwagen – dem Ekin Patrol Car – begeistert gewesen: «Diese Produkte brauchen wir auch in der Schweiz.» Die gemeinsam mit dem Juristen Daniel E. Wyss gegründete Sicherheitsfirma TFK Security Systems benannte er 2018 in Ekin Swiss AG[18] um.

Einen Tag nach dem Gespräch schickt Schaub der Republik eine Rede von Günter Krings[19], die seine Aussagen untermauern soll. Krings ist Staatssekretär des Bundesinnenministeriums in Deutschland. Die Rede stammt vom Europäischen Polizeikongress 2018. Krings kritisiert darin die mediale Debatte rund um das Thema Gesichtserkennung: «Wie sollen wir denn zu neuen Ermittlungsmethoden kommen, wenn schon ein Testlauf kritisiert wird? Ich bin dafür, dass wir Neues erproben, Ideen testen und dann überlegen, was wir daraus für Konsequenzen ziehen.»

Die Firma Ekin ist auf europäischen Polizeikongressen oft präsent. Und wirbt mit dem Slogan «Technologie für die sichere Stadt von morgen».[20] In ihren Blog-Beiträgen listet sie auf, welche hochrangigen Schlüsselpersonen aus Justiz und Sicherheit an ihren Anlässen anwesend gewesen seien.

Zum Beispiel Nicoletta della Valle[21], die Direktorin des Bundesamts für Polizei (Fedpol).

Die unbekannten Tester der Polizei

Was hat die oberste Chefin der Schweizer Polizei mit Ekin zu tun?

Ob della Valle an Polizeikongressen mit dem Marketingpersonal der Firma im Austausch war, beantwortet das Fedpol auf Anfrage der Republik nicht.

Fedpol-Sprecher Florian Näf sagt, man kommentiere «grundsätzlich keine Beziehungen zu externen Herstellern». Aber auch: «Wir verfolgen die Entwicklungen von Technologien wie Face Recognition sehr aufmerksam.»

Wer aber gehört denn nun zu den Schweizer Testkunden von Ekin?

Ein gut informierter Insider berichtet der Republik, dass das Fedpol keine Beziehungen zu Ekin Technology unterhalte.

Laut Gerhard Schaubs Ausstellungsbericht[22] von der Messe bei den Zugerland Verkehrsbetrieben haben «30 Fachleute von diversen Schweizer Polizeikorps» die vor Ort ausgestellten Polizeiwagen getestet, unter anderem den Ekin Patrol Car. Welche? Dazu gibt die Firma Ekin keine Auskunft.

Umsatz macht das Unternehmen gemäss dem Wirtschaftsdatenverzeichnis Teledata noch keinen. CEO Akif Ekin und auch Gerhard Schaub bestätigen dies auf Anfrage: «Wir haben lediglich Testgeräte für Demozwecke in der Schweiz.»

Noch kein Umsatz – einer der Gründe übrigens, weshalb Gerhard Schaub in der Vermischung von Verwaltungsratsmandat und Polizeitätigkeit kein Problem erkennen kann.

Anders sieht das seine Arbeitgeberin, die Gemeinde Rüschlikon. Sie geht auf Distanz zu Schaubs Nebentätigkeit – und zieht Konsequenzen in Betracht. Man habe zwar von einem Beratungsmandat gewusst, jedoch nicht vom Sitz im Verwaltungsrat, sagt die stellvertretende Gemeindeschreiberin Cornelia Schild auf Anfrage der Republik.

Der einzige Grund, warum sich der Markteintritt für Ekin-Produkte in der Schweiz verzögert: Es gibt dafür noch keine Zulassung.

Doch das dürfte sich bald ändern.

Wer prüft die Gesichtserkennung?

Die Ekin-Produktepalette liegt aktuell auf dem Tisch von Dr. Fabiano Assi, Bereichsleiter «Eichungen und Prüfungen»[23] der eidgenössischen Konformitätsbewertungsstelle Metas-Cert[24].

Assi prüft, inwiefern die Ekin-Nummernschildleser die Anforderungen der Messmittelverordnung[25] und der Strassenverkehrskontrollverordnung[26] erfüllen.

Die eingebauten Sensoren und die Software für die Gesichtserkennung liegen hingegen nicht im Zuständigkeitsbereich der Zertifizierungsstelle. «Das Metas», bestätigt Mediensprecher Jürg Niederhauser auf Anfrage der Republik, «führt bei der Prüfung von Geschwindigkeitsmessmitteln keine Prüfung von Gesichtserkennungen durch.»

Was umgekehrt heisst: Ein neues Produkt zur Geschwindigkeitsmessung kann Gesichter in Sekunden identifizieren – und niemand überprüft dies.

Weil niemand zuständig ist, weil die gesetzliche Grundlage dafür fehlt.

Ekin-CEO Akif Ekin selbst hält die Echtzeitüberwachung seines smarten Polizeivehikels für unproblematisch. «Das Gesicht wird gelesen; gibt es keinen ‹Match› mit einer gesuchten Person, werden die Aufnahmen gleich wieder gelöscht. Es geht hier um Millionstelsekunden», sagt er am Telefon.

Nicht mal im Ansatz legal

Dieselbe Frage nach dem Eingriff in die Privatsphäre beantwortete Ekin auch im Beitrag des deutschen Fernsehens.[27] Und ergänzte: «Man muss natürlich die Daten, die erfasst werden, und sofern sie erfasst werden dürfen, sehr gut kontrollieren. Das heisst, man muss dafür sorgen, dass kein Unbefugter darauf Zugriff hat.»

Die Zulassung der Ekin-Produkte in der Schweiz wäre für Datenschützer und Grundrechtsanwalt Viktor Györffy eine wahr gewordene Dystopie: «Dafür gibt es nicht mal im Ansatz eine gesetzliche Grundlage.»

Das wahllose Herumfilmen und die Speicherung von personenbezogenen Daten durch die Polizei ist laut Györffy auf keinen Fall zulässig – selbst wenn die Daten gleich wieder gelöscht werden.

Das sieht auch der Zürcher Datenschützer Bruno Baeriswyl so: «Der Einsatz des beschriebenen Produkts durch die Polizei braucht eine entsprechende Rechtsgrundlage in der Polizeigesetzgebung.»

Somit ist klar: Nach einer Metas-Zertifizierung sind die Ekin-Produkte in der Schweiz theoretisch einsatzfähig – aber immer noch alles andere als legal.

Datenschutz? «Gleich als Nächstes»

Die Werbevideos von Ekin Technology sind der feuchte Traum für Machthaber in autoritär regierten Ländern. Doch Gründer und CEO Akif Ekin, der in Stuttgart Luft- und Raumfahrt studiert hat und fliessend Deutsch spricht, will das Geschäft seiner Firma nach Europa ausrichten, wie die zunehmende Präsenz an hiesigen Polizei- und Sicherheitsmessen beweist.

Er gibt sich im Gespräch mit der Republik arglos: «Es gibt Gesetze, und die gilt es einzuhalten.»

Mit der Zulassung von Metas rechnet Ekin im Jahr 2020. «Die Schweiz ist wichtig für uns, weil sie eben genau hinschaut.»

Und Akif Ekin versichert gegenüber der Republik, dass er sich «gleich als Nächstes» mit dem eidgenössischen Datenschützer an den Tisch setzen will. Bedenken, dass sensible Gesichtsdaten aus der Schweiz auf fremden Servern wie etwa solchen in der Türkei landen könnten, räumt er aus. Sein Unternehmen habe keinen Zugriff auf Polizeidaten – auch das sei eine der Voraussetzungen für die Zulassung durch die Metas-Zertifizierungsstelle, betont Ekin.

Was auf uns zukommt

Wie unterscheiden sich die intelligenten Überwachungsvehikel von Ekin Technology überhaupt von jetziger Technologie?

Flächendeckende Videoüberwachung[28] in Bahnhöfen und Fussballstadien ist nichts Neues. Gesuchte Personen werden bisher jedoch mit den Augen von Menschen identifiziert.

Bei den Ekin-Produkten passiert die Identifikation mittels künstlicher Intelligenz.[29] Datenpunkte einer Gesichtsaufnahme werden blitzschnell ausgewertet und modelliert – eine bestimmte Person kann in allen Kamerasequenzen wiedergefunden werden. Auch ohne zugrunde liegende Fotodatenbank.

Die Kameras der Ekin-Polizeiwagen zeichnen zudem konstant auf. Jedes vorbeilaufende Gesicht wird damit unmittelbar identifiziert.

«Mobile, permanente intelligente Datenerfassung, wie Ekin Technology diese anbietet, war bisher kein Thema in der Schweiz», sagt ETH-Forscher Jonas Hagmann, der die Sicherheitsdispositive in urbanen Zentren untersucht[30] hat. «Auch wenn an den Sicherheitsmessen gerne neuste Technologie angeboten wird, so werden ‹normale› menschliche Lösungen weiterhin hoch gewertet, auch innerhalb der Polizeikräfte.»

Was schon da ist

Das Sicherheitsparadigma gehe jedoch in Richtung Videoüberwachung und rasche Gesichtserkennung, so Hagmann. Mobile Autonummern-Scanner werden bereits eingesetzt in der Schweiz, zum Beispiel von der Stadtpolizei Zürich. Bald soll auch das massenhafte Scannen von Schildern[31] möglich werden. Allerdings müssen dafür erst sämtliche kantonalen Polizeigesetze angepasst werden, wie ein Bundesgerichtsurteil jüngst festhielt.[32]

Die Basler Polizei hat soeben Tesla-Polizeiwagen in Betrieb genommen, in denen acht Kameras verbaut sind. Mit einem Gesichtserkennungsprogramm sind sie nicht verknüpft – aber sie ermöglichen bereits 360°-Aufnahmen.

Allerdings verzichtet das Basler Polizeidepartement nach eigenen Angaben[33] auf die Aktivierung dieser Kameras. Die Kameras zeichnen lediglich zweisekündige Sequenzen bei Unfällen auf, sollte der Tesla mit einem Fahrzeug kollidieren, wie Sprecher Toprak Yerguz bestätigt. That's it.

Private sind wohl weniger zurückhaltend – und müssen sich auch nicht zurückhalten. Zum Beispiel in Zürich: Privates Filmen im öffentlichen Raum soll gemäss eines Beschlusses des Stadtrats nicht verboten werden. Egal, ob mit den Aufnahmen Gesichtserkennungssoftware trainiert wird oder nicht. Allerdings werden private Aufnahmen nicht unbedingt als rechtsstaatliches Beweismittel zugelassen, wie das Bundesgericht am 10. Oktober[34] entschied.

Die Republik wollte von der Metas-Zertifizierungsstelle wissen, ob die Behörde auch noch andere Produkte prüfe als bloss diejenigen der Firma Ekin Technology. Der Sprecher antwortete darauf nur indirekt: «Was wir sagen können, ist, dass verschiedene Hersteller von Geschwindigkeitsmessmitteln neue Geräte entwickeln, die auf der Kombination von verschiedenen Sensoren und der Auswertung der entsprechenden Daten beruhen.»

Mit anderen Worten: Die neueste Generation von Geschwindigkeitsmessgeräten kann alles Mögliche registrieren.

Nicht nur Geschwindigkeitsübertretungen.

Und nicht nur der Ekin Patrol Car.

Kontrollen kaum möglich

Laut der Carnegie-Studie[35] sind es vor allem liberale Demokratien, die zu den Hauptkunden von Technologien zur Gesichtserkennung gehören. Die westlichen Staaten rüsten für ihre Massnahmen zur Terrorbekämpfung und für Smart-City-Projekte digital auf.

Dabei kaufen europäische Staaten ihre Überwachungstechnik – mangels eigener Angebote[36] – vor allem im Ausland ein. In den USA, in China oder eben vielleicht bald, wie im Fall der Schweiz: in der Türkei.

Akif Ekin lässt laut einem aktuellen Werbevideo[37] seine Software derzeit in einigen europäischen Staaten zertifizieren. Werden die Zertifikate ausgestellt, gäbe es dafür «nur» einen legalen Einsatzbereich: Geschwindigkeitsmessungen im Strassenverkehr.

Gemäss der Europäischen Datenschutzverordnung DSGVO ist die Erhebung biometrischer Daten[38] für die eindeutige Identifizierung verboten.

Der Ruf nach intelligenter Echtzeit-Videoüberwachung[39] wird in den europäischen Innenministerien immer lauter geäussert. Am King's Cross in der Londoner City[40] betreiben stationäre Sicherheitskameras bereits heute intelligente Gesichtserkennung.

Wird ein smarter Polizeiwagen wie der Ekin Patrol Car mit einer multifunktionalen Software wie Red Eagle effektiv nur eingeschränkt eingesetzt?

Fraglich ist, ob die Gesichtserkennungsoption deaktiviert werden kann. Und wenn ja, ob dann die Polizei tatsächlich darauf verzichtet. Datenschützer Bruno Baeriswyl hat seine Bedenken: «Die Kontrolle dieser Produkte ist kaum möglich, weil sie viel mehr können, als sie dürfen.»

Es dauert wohl noch eine Weile, bis Ekin die ersten Werbefilmchen über Verfolgungsjagden in europäischen Metropolen schalten darf. Bis dahin braust der Ekin Patrol Car weiterhin durch die Strassen von Abu Dhabi.[41]

Und bis dahin wird Ekin-Software zur Gesichtserkennung in Aserbaidschan oder in den Vereinigten Arabischen Emiraten trainiert. In Staaten, in denen individuelle Bürgerrechte und die Privatsphäre wenig bis nichts zählen.

Und wo Bürgerinnen als Datenfutter herhalten müssen.

Recherche-Update vom September 2020

Nach der Veröffentlichung meiner Recherche zu Ekin Technologies blieb es sehr ruhig. Es war wenig aus Polizeikreisen zu vernehmen. Nun ist klar: Ekin-Produkte sind bis heute noch nicht im Einsatz. Ich habe bei METAS-Mediensprecher Jürg Niederhauser im Mai nachgefragt: «Für diese Ekin-Geräte hat das METAS noch keine Zulassung erteilt.»

Doch offenbar beschäftigen sich kantonale Strafverfolgungsbehörden dennoch intensiv mit Gesichterkennung, darauf deuten mehrere Hinweise. Beginn dieses Jahres hat eine Enthüllung der New York Times für grosse Aufregung gesorgt. Das Start-up Clearview AI vertreibt eine App, mit der im Nu Personen identifiziert werden können – anhand gefundener Profilbilder der sozialen Medien. Man braucht lediglich die Zielperson mit der Kamera anzuvisieren. Die Datenbank enthält 3 Milliarden Bilder. Damit bietet Clearview ein noch besseres Produkt an als die Gesichtserkennungssoftware von Ekin.

Clearview AI hat sich für den Aufbau ihrer Bilderdatenbank einfach bei den Plattformen bedient. Zwar verbietet Facebook gemäss den Nutzungsbedingungen die Verwendung jeglicher Bilder ausserhalb seines Netzwerks. Doch Nutzungsbedingungen gelten nur für Nutzer. Eine Registrierung auf Facebook ist dafür nicht einmal nötig.

Suchmaschinen indexieren schliesslich alles, was nicht hinter einer geschlossenen Plattform verschwindet. Clearview wird kaum die einzige Firma sein mit einem solchen Angebot. Denn niemand merkt, wenn man sich aus dem öffentlich verfügbaren Datenpool ohne Registration bereichert und damit seine Algorithmen trainiert. Gemäss einer Nachrecherche von Buzzfeed[42] zeigen Strafverfolgungsbehörden auf der ganzen Welt, insbesondere auch Europa, Interesse an der Killer-App von Clearview AI. Interessantes Detail: Eine Grafik aus einer Broschüre zeigt auch die Schweiz eingefärbt. Viele Medien sowie auch Wikipedia kolportieren oder insinuieren fälschlicherweise, die Schweiz arbeite bereits mit der Software.

Alle berufen sich dabei auf den Text von Buzzfeed. Die Mediensprecherin von Clearview AI schwächte diese Aussage auf meine Nachfrage hin ab: «Our marketing materials have reflected the predictable growing international interest in Clearview, not any active clients or contracts. We do not have any contracts outside of the United States and Canada.» Eine Nachfrage bei den Buzzfeed-Reportern Ryan Mac und Caroline Haskins ergab: «We obtained the map that showed Switzerland was an intended market for the company.» Ein Kaufvertrag mit Schweizer Polizeikorps wird aber offiziell dementiert, von Seiten von Clearview AI. Es bleibt also beim Gesprächs- oder Verhandlungsstadium. Gemäss dem Tätigkeitsberichs 2019/2020 stellte der eidgenössische Beauftragte Adrian Lobsiger ein Auskunfts- und Löschgesuch zu den über seine Person bearbeiteten Daten. Dieses blieb bis heute unbeantwortet.

Ein anderes Unternehmen geht sogar noch weiter als Clearview AI, wie Recherchen von BBC[43] und Netzpolitik.org[44] zeigen: PimEyes. Das Tool ist eine öffentlich im Netz verfügbare Bildersuchmaschine und grast täglich das Netz nach verfügbarem Fotomaterial ab. Jeder kann dabei frei beliebig Bilder von einer Person hochladen und dank Gesichtserkennungstechnologien passende Fundstücke zum dazugehörigen Gesicht finden. Die Anonymität ist damit de facto abgeschafft. Der EDÖB Adrian Lobsiger machte einen Selbstversuch bei PimEyes, wie er mir gegenüber bestätigte. Die angezeigten Bilder stammen aus öffentlichen Quellen und nicht aus geschützten Plattformen. Lobsiger wird PimEyes noch vertieft prüfen. Im Tätigkeitsbericht 2019/20 hält er fest: «Der Beauftragte wird im Rahmen seiner gesetzlichen Möglichkeiten alles unternehmen, um die Schweizer Bevölkerung vor ungefragten Beschaffungen ihrer Gesichtsbilder zu schützen, damit sie sich sowohl im virtuellen wie auch realen Raum weiterhin anonym bewegen können.»

Mittlerweile wird in der Schweiz weiter experimentiert mit Gesichtserkennungstechnologien. So auch die Kantonspolizei Aargau. Es werden «Produkte der Firmen Digivod (Investigator) und Anyvision (Better Tomorrow) getestet» bestätigte Bernhard Graser, stellvertretender Kommunikationschef der Kantonspolizei Aargau. Anyvision ist eine sehr bekannte israelische Firma, die weltweit intelligente Gesichtserkennungssoftware verkauft. Auch die Stadt Nizza gehörte zu den Kundinnen der Firma.

Was leistet die Software von Anyvision konkret? Graser meinte dazu: Sie könne «gezielte Aufnahmen von unbekannten Straftätern auswerten, welche uns im Zusammenhang mit Strafanzeigen zur Verfügung gestellt werden. Dies können beispielsweise Überwachungsbilder von Warenhäusern sein, welche seriell und bandenmässig tätige Ladendiebe zeigen.» Somit ist keine intelligente Gesichtserkennungskamera im Einsatz, die die

Leute filmt und in Echtzeit identifiziert. Sondern «nur» Technik, welche quasi in der Zentrale genutzt wird, um externes Bildmaterial von Warenhäusern auszuwerten.

Der Kanton Aargau machte dennoch in Sachen Überwachung von sich reden. Während der Corona-Krise darf er zur Durchsetzung des Versammlungsverbots bestehende Videokameras[45] «zur Echtzeitüberwachung» einsetzen, so lautete die Verordnung des Aargauer Regierungsrats. Was ist unter der «Echtzeit»-Überwachung genau zu verstehen? Passiert die Identifikation mit menschlichen geschulten Augenpaaren oder intelligenter Erkennung?

Nochmals Nachfrage beim Herrn Graser, Kanton Aargau. Dieser gab Entwarnung. Eine «Auswertung solcher Bilder mit sogenannter intelligenter Software stand nie zur Diskussion. Es ging einzig darum, Menschenansammlungen aus der Notrufzentrale als solche zu erkennen, ohne dass das Augenmerk auf einzelnen Personen lag. Zum Einsatz wäre also einzig das menschliche Auge gekommen. Da stets genügend Ressourcen für Kontrollen durch Patrouillen zur Verfügung standen, drängte sich der Einsatz von Video zu keinem Zeitpunkt auf.»

Gemäss Recherchen der NZZ[46] und Inside IT[47] befindet sich der Kanton St. Gallen vor einer Beschaffung von intelligenter Erkennungssoftware. Bisher seien fünf Systeme getestet worden, sagte der zuständige Experte Serdar Günal Rütsche auf Anfrage der NZZ im Januar 2020. «Darunter gibt es sehr interessante Kandidaten.» Gemäss eigenen Angaben steht aber nicht die Gesichtserkennung, sondern die Objekterkennung im Vordergrund.

Zurzeit können die Kantone nach Belieben schalten und walten, vorausgesetzt sie haben kantonale Gesetze. Vorgaben «von oben» – also vom Bundesrat – gibt es kaum.

Eine interdepartementale Arbeitsgruppe hat einen 115-seitigen Bericht über Künstliche Intelligenz im Dezember 2019 verabschiedet. Leider wurde dabei der Punkt Gesichtserkennung nur gestreift und maximal als Beispiel für Machine Learning-Algorithmen behandelt. Die Autorinnen und Autoren versäumten es, das Thema eigenständig im Schweizer Kontext mit allen Gefahren und Chancen zu erörtern, obwohl das Thema immer mehr die politische Agenda dominieren wird und die Kantone Beschaffungen vollziehen und gesetzliche Grundlagen womöglich bald schaffen werden. Der Bundesrat will in einem Schritt, analog zur EU, Leitlinien im Umgang mit Künstlicher Intelligenz ausarbeiten. Offen ist, inwiefern das Thema automatisierte Gesichtserkennung als eigenständiges Kapitel behandelt wird.

Anders die Europäische Union, in der das Thema Gesichtserkennung kontrovers diskutiert wird. Die EU-Kommission von der Leyen verabschiedete am 19. Februar 2020 ein sogenanntes Whitepaper. Sie eröffnete eine Konsultation zu verschiedenen Aspekten von Künstlicher Intelligenz: Definiert werden sollen erstens Designparameter, um die Risiken von KI zu senken, zweitens Regeln für Daten, aus denen Systeme lernen können, und drittens eine Informationspflicht beim Einsatz von Künstlicher Intelligenz.

In den Medien wurde kolportiert, dass in der ursprünglichen Version des Whitepapers ein Moratorium für die automatisierte Gesichtserkennung vorgesehen war. Und zwar so lange bis die Risiken ausreichend abgeklärt worden sind. Drei bis fünf Jahre sollte diese Form der Überwachung ausgesetzt werden. Davon ist man abgekehrt.

Automatisierte Gesichtserkennung soll erlaubt sein, «wenn der betreffende Einsatz hinreichend begründet und verhältnismässig ist und geeignete Garantien gewährleistet sind.» Die Realität hat hier allerdings bereits die hehren Grundsätze und Diskussionspunkte überholt. Gewisse EU-Staaten haben während der Corona-Krise grosszügig auf Gesichtserkennungssysteme zurückgegriffen, wie unser Schlusskapitel zeigt.

Quellen

1   <https://www.youtube.com/watch?v=DbPXjlDKIog&t=258s>

2   <https://www.republik.ch/2018/10/04/errichtet-china-die-erste-big-data-diktatur-des-21-jahrhunderts-nein>

3   <https://www.ekin.com/en/products/ekin-spotter>

4   <https://www.youtube.com/watch?v=lODQHE4Z-Ug>

5   <https://www.linkedin.com/company/ekin-technology/?originalSubdomain=ch>

6   <http://www.ekin.com/en/ekin-os-red-eagle>

7   <https://www.youtube.com/watch?time_continue=58&v=DbPXj1DKIog&feature=emb_logo>>

8   <https://competition.adesignaward.com/winners-category.php?CATEGORY=55>

9   <https://ekin.com/en/about-us/>

10 <https://ekin.com/en/news/leads-the-way-to-safe-cities-in-the-world>

11 <https://www.kompol-zh.ch/index.php/kontakt>

12 <https://ekin.com/en/contact/>

13 <https://www.br.de/fernsehen/ard-alpha/sendungen/campus/doku/verbrechen-sicherheit-ueberwachung-campus-doku-100.html>

14 <https://www.instagram.com/p/B2grWrpFbHA/>

15 <https://www.google.com/maps/place/Dorfstrasse+57,+8103+Unterengstringen/@47.4108585,8.4414069,3a,75y,285.27h,91.18t/data=!3m6!1e1!3m4!1sIwkp3Cztjq96UST-PlvjCMQ!2e0!7i13312!8i6656!4m5!3m4!1s0x47900c6306ebaa8f:0xc74d3eae62abb0bc!8m2!3d47.4106581!4d8.4413902>

16 <https://issuu.com/ivgroup/docs/tatort_magazin_okt17>

17 <https://www.kompol-zh.ch/index.php/kontakt>

18 <https://www.easymonitoring.ch/handelsregister/ekin-swiss-ag-1247178>

19 <https://www.bmi.bund.de/SharedDocs/reden/DE/2018/02/krings-polizeikongress.html>

20 <https://www.br.de/fernsehen/ard-alpha/sendungen/campus/doku/verbrechen-sicherheit-ueberwachung-campus-doku-100.html>

21 <https://ekin.com/es/noticias/ekin-technology-introduce-the-future-of-face-recognition-technology-for-public-safety>

22 <https://issuu.com/ivgroup/docs/tatort_magazin_okt17>

23 <https://www.staatskalender.admin.ch/navigate.html?dn=ou=Bereich%20Eichungen%20und%20Pruefungen,ou=Abteilung%20Gesetzliche%20Metrologie,ou=Eidgenoessisches%20Institut%20fuer%20Metrologie,ou=Eidg.%20Justiz-%20und%20Polizeidepartement,ou=Bundesrat>

24 <https://www.metas.ch/metas/de/home/dl/konformitaetsbewertungsstelle-metas-cert.html>

25 <https://www.admin.ch/opc/de/classified-compilation/20081359/index.html>

26 <https://www.admin.ch/opc/de/classified-compilation/20063193/201001010000/741.013.pdf>

27 <https://www.br.de/fernsehen/ard-alpha/sendungen/campus/doku/verbrechen-sicherheit-ueberwachung-campus-doku-100.html>

28 <https://www.republik.ch/2019/02/21/die-langstrasse-ist-komplett-ueberwacht>

29 <https://www.republik.ch/2018/07/05/passwort-dein-gesicht>

30 <https://academic.oup.com/ips/article-abstract/11/4/418/4653039>

31 <https://www.tagesanzeiger.ch/schweiz/standard/autofahrer-sollen-mit-kontrollschildscanner-ueberwacht-werden/story/16501223>

32 <https://www.srf.ch/news/schweiz/fehlbarer-lenker-erhaelt-recht-strassenfahndungskameras-im-thurgau-sind-illegal>

33 <https://www.dsb.bs.ch/medienmitteilungen-und-stellungnahmen/medienmitteilung-zur-tesla-vorabkontrolle.html>

34 <https://www.bger.ch/files/live/sites/bger/files/pdf/de/6B_1188_2018_2019_10_10_T_d_08_00_08.pdf>

35 <https://carnegieendowment.org/files/WP-Feldstein-AISurveillance_final1.pdf>

36 <https://www.bloomberg.com/news/articles/2019-09-30/eu-officials-call-for-technology-push-to-counter-u-s-china>

37 <https://www.youtube.com/watch?v=lODQHE4Z-Ug>

38 <https://www.ft.com/content/90ce2dce-c413-11e9-a8e9-296ca66511c9>

39 <https://www.golem.de/news/bundesinnenminister-mehr-ueberwachung-und-gesichtserkennung-auf-bahnhoefen-1909-143849.html>

40 <https://www.theguardian.com/technology/2019/sep/02/facial-recognition-technology-scrapped-at-kings-cross-development>

41 <https://www.youtube.com/watch?v=rvcEdMG06jw&t=2s>

42 <https://www.buzzfeednews.com/article/carolinehaskins1/clearview-ai-facial-recognition-authoritarian-regimes-22>

43 <https://www.bbc.com/news/technology-53007510>

44 <https://netzpolitik.org/2020/gesichter-suchmaschine-pimeyes-schafft-anonymitaet-ab/>

45 <https://www.ag.ch/media/kanton_aargau/themen_1/coronavirus_1/merkblaetter/200402_Sonderverordnung_1.pdf>

46 <https://www.nzz.ch/schweiz/wie-sich-die-schweizer-polizei-auf-videofahndung-mit-big-data-vorbereitet-ld.1536559?reduced=true>

47 <https://www.inside-it.ch/de/post/facial-recognition-soll-bald-st-galler-polizei-unterstuetzen-20200618?utm_source=c36daily>

Der kalte Tech-Krieg

2020 wird zum Schicksalsjahr. Entweder setzt sich die chinesische Tech-Diktatur, Donald Trumps Tech-Nationalismus oder die europäische Tech-Demokratie durch.

Erschienen in der Republik, 07. Januar 2020

2020 stehen in der Technologiewelt drei wichtige Ereignisse bevor:

1. Im Januar tritt in den USA ein Regelwerk in Kraft, von dem in deutschsprachigen Medien noch kaum die Rede war, das Europa aber indirekt auch betreffen wird: der **California Consumer Privacy Act.**
2. Die Vereinigten Staaten **wählen ihren Präsidenten.** Entweder bleibt Donald Trump im Amt – oder es wird ein neuer, gegenüber dem Silicon Valley vermutlich kritischer eingestellter Demokrat gewählt.
3. Ein radikales Experiment wird zum politischen Programm: das **Social-Scoring-System in China,** bisher nur im Testbetrieb, tritt landesweit in Kraft und teilt chinesische Bürgerinnnen in gut und schlecht ein.

Diese drei Ereignisse sind nicht nur für Tech-Firmen von grosser Bedeutung. Sondern auch für die Zukunft des Internets. Sie markieren den bisherigen Höhepunkt eines immer offensichtlicher werdenden Konflikts.

Dem Konflikt um die Vorherrschaft über das Internet.

1. Kaliforniens europäischer Weg

Ein Ort, an dem er besonders hart ausgefochten wird, ist Kalifornien. Dort befinden sich die Hauptsitze von Apple, Google und Facebook. Ein Datengesetz, das im US-Gliedstaat beschlossen wird, betrifft nicht nur dessen vierzig Millionen Einwohner, sondern über eine Milliarde Internetnutzerinnen weltweit.

Der California Consumer Privacy Act (CCPA) ist eine Lightversion der Datenschutz-Grundverordnung (DSGVO), des Datenschutzgesetzes der Europäischen Union. Letzteres ist seit 2018 in Kraft und verlangt von Datenkonzernen Transparenz über die Verwendungszwecke aller Arten von Daten. Und es gibt Konsumentinnen die Möglichkeit, den Datenhandel auf Tausenden von Websites zumindest teilweise abzulehnen.

Zwar ist der CCPA im Wortlaut nur an kalifornische Bürgerinnen gerichtet. Doch Firmen wie Microsoft haben bereits angekündigt[1], das Gesetz mindestens USA-weit umsetzen zu wollen. Google hat derweil ein CCPA-konformes-Protokoll[2] für dessen Umsetzung entwickelt, das Websitebetreiber auf der ganzen Welt einsetzen können.

In einem Land wie den Vereinigten Staaten, wo es kein landesweites Gesetz für den Datenschutz gibt, ist der CCPA ein Meilenstein. Nicht nur in den USA, sondern weltweit dürften die Regeln damit ein Stück «europäischer» werden – also stärker ausgerichtet auf digitale Bürgerrechte. Zum Durchbruch verhelfen dürften dem CCPA, wie dies in Amerika üblich ist, millionenschwere Sammelklagen von Verbraucherorganisationen.

Auch eine neue Präsidentin könnte die Umsetzung des CCPA beschleunigen, sofern sie denn Elizabeth Warren heisst. Die demokratische Anwärterin für die Wahlen im Herbst will die Big Player der Tech-Welt zerschlagen: Zu mächtig, zu wettbewerbsbehindernd und zu demokratiegefährdend seien Google und Facebook geworden, sagt sie.

Um eine Präsidentschaft Warrens zu verhindern, haben die Tech-Konzerne 2019 bereits allerlei Initiativen gestartet:

- **Facebook** hat einen eigenen «Supreme Court» eingerichtet[3], eine Art unabhängiges Gericht, das über Wahrheit in politischen Anzeigen entscheiden und deren Sperrung entscheiden soll.

- **Google** will allen Nutzerinnen und Nutzern eine «Privacy Sandbox»[4] schenken, eine Art Guthaben, mit dem sie ihre Identität etwas mehr verschleiern können.
- **Twitter** hat die Politik vollständig aus seinem Werbegeschäft verbannt.[5]

Doch die Selbstregulierung funktioniert kaum. Das geht etwa aus einer neu erschienenen Studie der Nato-Organisation StratCom[6] hervor: Sie zeigt, wie einfach man auf dem Markt Beeinflussungsoperationen einkaufen kann. Für nur 300 Dollar schreiben Hunderte von bezahlten Kommentarschreibern gegen beliebige Präsidenten und Premierministerinnen an. Wie kinderleicht die Verbreitung von Fake News ist, zeigte ein Experiment von Elizabeth Warren: Ihr Team erlaubte sich einen Jux und startete auf Facebook eine Kampagne mit dem Titel[7] «Mark Zuckerberg unterstützt Donald Trump». Die Schlagzeile war natürlich falsch, dennoch rutschte die Anzeige in Minuten durch alle Kontrollinstanzen. Eine Blamage für den umstrittenen Facebook-Gründer.

In den USA wächst nicht nur deshalb parteiübergreifend der Konsens, dass die Tech-Giganten zu viel Marktmacht besitzen. Institutionen wie die Wettbewerbsbehörde FTC[8] werden sich daher 2020 alle «Grossen» – also Amazon, Apple, Google und auch nochmals Facebook – vorknöpfen.

In Kombination mit dem kalifornischen CCPA, dem härteren Durchgreifen eines Demokraten im Weissen Haus und den europäischen Ambitionen, nächstes Jahr kartell- und datenschutzrechtlich noch härter[9] vorzugehen, hätte dies klare Konsequenzen: Das globale Internet würde strenger reguliert.

Der Datenkapitalismus würde eingeschränkt, Bürgerrechte würden ausgebaut.

2. Trumps protektionistische Tech-Politik

Ganz anders sieht jedoch das Internet aus, wie es sich der amtierende US-Präsident ausmalt. Wird Donald Trump am 3. November wiedergewählt, bleibt es beim regulatorischen Status quo. Trump vertritt in Bezug auf die Datenwirtschaft eine Laisser-faire-Haltung. Und er knüpft in militärischen Angelegenheiten bewusst eine engere Bande mit der Big-Tech-Szene.

So hat das US-Verteidigungsministerium in den vergangenen Jahren etwa Kooperationen mit Amazon[10] und Google[11] im Bereich von Gesichtserkennungstechnologien und Drohnen angestrebt. Die Vorhaben wurden erst abgeblasen, als der Widerstand aus der Belegschaft der Konzerne zu gross wurde.

An eine Zerschlagung der Tech-Giganten denkt Donald Trump nicht einmal ansatzweise. Im Gegenteil: Mit der Sanktionierung der chinesischen Firma Huawei betreibt der US-Präsident eine geopolitische Tech-Politik. Sein Ziel ist, die grossen Firmen aus dem Silicon Valley zu stärken. Ganz Protektionist, wirbt er für Aufträge an amerikanische Mobilnetzausrüster[12] und droht europäischen Staaten, sollten sie mit Huawei zusammenarbeiten.

Die Einsicht, dass das Online-Werbegeschäft rund um die Politik von Grund auf neu gedacht werden muss, teilt der Republikaner nicht. Im Gegenteil: Trump selbst nutzt die Social-Media-Plattformen geschickt, um sich als Opfer des Impeachment-Verfahrens[13] zu inszenieren. Und dass künstliche Intelligenz nicht genügt, um manipulative Meinungsmache und Betrügermaschen online in Echtzeit zu identifizieren und zu stoppen, kommt ihm gerade recht.

Trump ist mit seinem Tech-Nationalismus allerdings nicht allein. Russland hat dieses Jahr alle gesetzlichen Grundlagen für sein «RuNet»[14] gelegt: ein eigentliches Staatsinternet, das das Land unabhängig vom Westen betreiben und kontrollieren kann. Putin will in diesem abgekoppelten Netz nicht nur seine eigenen Gesetze besser durchsetzen, sondern auch die russische Tech-Industrie (die Suchmaschine Yandex, das Netzwerk VKontakte) stärken.

Neben dem Tech-Nationalismus à la Trump und Putin und der konsumentenfreundlich regulierten Tech-Demokratie von Europa gibt es noch ein drittes Konkurrenzmodell.

3. Chinas totales Überwachungsnetz

Es wird seit einigen Jahren in China aufgebaut und folgt nicht bloss einer protektionistischen, sondern einer totalitären Logik: das Social-Scoring-System.

Hierbei verschmelzen alle Datenströme der Wirtschaft und der Politik zu einer einzigen Symbiose, einem einzigen Überwachungssystem, das Bürgern laufend Punkte für ihr Verhalten geben wird.

Wer konform ist, wird belohnt – wer nicht, wird bestraft.

Noch ist die Idee manchenorts erst Propaganda, der Überwachungsapparat ist zu wenig feinmaschig, und die vielen Strassen sind zu unübersichtlich, um alle Datenpunkte lückenlos zu erfassen. Doch mit der zunehmenden Ausstattung des öffentlichen Raumes mit Sensoren werden immer mehr Winkel und Ecken des Landes durchleuchtet. Das Social-Scoring-System, von vielen Bürgern als gute Sache wahrgenommen[15], wird damit zur Realität.

Auf digitale Abschottung gegenüber dem Westen setzt die Kommunistische Partei zwar auch: Aufgrund der chinesischen «Great Firewall» sind sämtliche US-Dienste wie etwa Twitter nicht verfügbar. Und die chinesische Regierung verkündete jüngst[16], alle Technologien «zu säubern»: Beamte dürfen dann nicht mehr mit ausländischer Hard- und Software arbeiten.

Doch den Chinesen geht es um mehr: Sie wollen das Internet von Grund auf verändern – nicht nur im eigenen Land, sondern auf der ganzen Welt.

Bisher gingen Beobachter davon aus, dass das Social-Credit-System von China für China konzipiert ist. Der Westen würde von der Big-Data-Dystopie verschont. Doch im Hintergrund weitet sich Chinas Technologiediktatur immer mehr aus: Das Orwellsche Überwachungs-Know-how wird zum Exportschlager.[17]

So sendet etwa die Regierung von Zimbabwe der chinesischen Firma CloudWalk, einer Anbieterin für Gesichtserkennung, Trainingsdaten von ihren Bürgern. Damit kann die Software bald Gesichter von Einwohnern auf den Strassen des afrikanischen Landes erkennen. Chinesische Tech-Firmen haben auch Verträge mit Regierungen von Südafrika, Uganda und Singapur abgeschlossen.

Kulturelle «soft power» gewinnt China derweil mit seiner Videosharing-App TikTok – dem am stärksten wachsenden Netzwerk weltweit, das mit 1,5 Milliarden Downloads[18] die beliebte App Instagram überholt hat und weitreichende Zensurmöglichkeiten[19] bietet. Kritische Inhalte über Hongkong oder die Zwangslager in Xinjiang werden auf TikTok effizient unterdrückt.

China will mit seiner Technologiekompetenz auch die internationalen Standards[20] beeinflussen. Firmen wie Dahua, ZTE und China Telecom versuchen zurzeit, bei der Internationalen Fernmeldeunion, einem Gremium der Vereinten Nationen, auf die Regulierung der Felder Gesichtserkennung, Videomonitoring und Sicherheit sehr stark Einfluss zu nehmen. Und dies natürlich gemäss ihren Ideologien.

Ausblick auf 2020: Globales Splitternet

Der Kalte Krieg des 20. Jahrhunderts wurde auf dem wirtschaftspolitischen Feld ausgefochten: Kapitalistische Länder standen im Einflussbereich der USA, kommunistische Staaten in jenem der Sowjetunion.

Im 21. Jahrhundert kommt diese Rolle der Netzpolitik zu: Je mehr Staaten sich der diktatorischen Variante zuwenden, desto mehr Macht gewinnt China. Mehr digitaler Protektionismus gekoppelt mit unreguliertem Datenkapitalismus auf der Welt spielt Donald Trump in die Hände. Mehr Netzdemokratie der EU und ihren Verbündeten.

Natürlich ist im kalten Tech-Krieg nicht alles schwarz-weiss. Auch in Europa sind Gesichtserkennungtechnologien aus sicherheitspolitischen Gründen auf dem Vormarsch. Allerdings werden Überwachungssysteme hier kritischer begleitet und mit ethischen Leitplanken versehen.

Trotzdem ist der Clash real. Drei Visionen stehen sich gegenüber:

- Das globale Internet wird bürgerorientierter, ethischer – aber auch bürokratischer.
- Das globale Internet wird national reglementiert, der Datenkapitalismus floriert weiterhin.
- Das globale Internet wird stärker überwacht und mit totalitären Normen geprägt.

Welche Vision sich durchsetzt, ist offen. Für die Zukunft des Internets und von Big Tech könnte bereits 2020 zu einem ersten Schicksalsjahr werden.

Quellen

1   <https://blogs.microsoft.com/on-the-issues/2019/11/11/microsoft-california-privacy-rights/>

2 <https://www.wsj.com/articles/facebook-wont-change-web-tracking-in-response-to-california-privacy-law-11576175345>

3 <https://www.theverge.com/2019/9/17/20870827/facebook-supreme-court-mark-zuckerberg-content-moderation-charter>

4 <https://www.blog.google/products/chrome/building-a-more-private-web/>

5 <https://business.twitter.com/en/help/ads-policies/prohibited-content-policies/political-content.html>

6 <https://www.stratcomcoe.org/how-social-media-companies-are-failing-combat-inauthentic-behaviour-online>

7 <https://www.snopes.com/fact-check/liz-warren-zuckerberg-trump/>

8 <https://observer.com/2019/12/facebook-merging-apps-ftc-antitrust-action-2020/>

9 <https://netzpolitik.org/2019/eu-generalanwalt-gibt-schrems-in-facebook-fall-recht/>

10 <https://www.theguardian.com/us-news/2019/jan/31/amazon-defense-cloud-computing-pentagon-jeff-bezos>

11 <https://theintercept.com/2019/03/01/google-project-maven-contract/>

12 <https://twitter.com/realDonaldTrump/status/1098581869233344512?ref_src=twsrc%5Etfw%7Ctwcamp%5Etweetembed%7Ctwterm%5E1098581869233344512&ref_url=https%3A%2F%2Fwww.scmp.com%2Ftech%2Fbig-tech%2Farticle%2F2187190%2Fdonald-trump-says-he-wants-us-lead-5g-and-even-6g-wireless-technology>

13 <https://www.facebook.com/ads/library/?active_status=all&ad_type=all&country=ALL&impression_search_field=has_impressions_lifetime&view_all_page_id=153080620724>

14 <https://www.heise.de/newsticker/meldung/RuNet-Russland-schafft-sein-eigenes-Staatsinternet-4573156.html>

15 <https://www.republik.ch/2018/10/04/errichtet-china-die-erste-big-data-diktatur-des-21-jahrhunderts-nein>

16 <https://techcrunch.com/2019/12/09/china-moves-to-ban-foreign-software-and-hardware-from-state-offices/>

17 <https://www.ft.com/content/c3555a3c-0d3e-11ea-b2d6-9bf4d1957a67>

18 <https://sensortower.com/blog/tiktok-downloads-1-5-billion>

19 <https://netzpolitik.org/2019/gute-laune-und-zensur/>

20 <https://www.ft.com/content/c3555a3c-0d3e-11ea-b2d6-9bf4d1957a67>

Wie sich die ETH den USA unterwirft

Der US-Handelskrieg mit China trifft die Schweizer Wissenschaft: ETH-Forscherinnen dürfen mit der chinesischen Tech-Firma Huawei nur noch unter strengsten Auflagen kooperieren. Die Schweizer Spitzenuniversität macht sich damit zum verlängerten Arm der US-Behörden.

Erschienen in der Republik, 30. Januar 2020

Huawei ist hierzulande ein gern gesehener Gast – eigentlich. Der chinesische Tech-Konzern richtet gerade eine Wireless-Infrastruktur samt Cloud für den Basler St.-Jakob-Park[1] ein, hängt als offizieller Sponsor von Swiss-Ski[2] Plakate an den Lauberhornrennen auf und beliefert Sunrise mit Equipment fürs 5G-Netz[3].

Doch an einer Wirkungsstätte von Huawei kriegt man nun kalte Füsse: an den Eidgenössischen Technischen Hochschulen in Zürich und Lausanne.

Recherchen der Republik zeigen:

- Die chinesische Firma ist ein wichtiger Financier von Forschungsprojekten. Doch seit Juni 2019 werden ihr an der ETH Zürich keine Patentrechte mehr auf Erfindungen zugestanden.
- Forscherinnen werden ausserdem intern aufgefordert, bei Projekten mit Beteiligung einer US-Firma kein Wort mit Huawei-Angestellten zu reden und keine Kooperationen mehr einzugehen. Ähnliche Regeln gelten an der ETH Lausanne.
- Grund dafür sind die Exportsanktionen gegen Huawei, welche die USA vergangenes Jahr beschlossen haben.

Die neue Praxis birgt politische Sprengkraft. Sie zeigt auf, dass US-Recht in der Schweiz direkt angewandt wird – obwohl es dazu keine Weisung aus Bundesbern gibt. Und sie macht klar, dass der Handelskrieg zwischen den USA und China auch die Schweizer Wissenschaft in Mitleidenschaft zieht. Besonders betroffen sind Forschungsprojekte, die in kommerzialisierbare Produkte wie etwa Mikroprozessoren oder Chipbausteine münden.

Doch warum der vorauseilende Gehorsam?

Grosszügige Spender

Zürich ist ein beliebter Niederlassungsstandort von Big-Tech-Firmen. Google hat seine Mitarbeiterzahl hier sukzessive auf 5000 aufgestockt[4]; Facebook hat 2019 ein Büro nahe dem Einkaufszentrum Sihlcity[5] eröffnet, und Huawei baut ein Forschungszentrum, in dem bis Ende Jahr 150 Hochschulabsolventen beschäftigt sein sollen. Man plane, in fünf Jahren sogar 1000 Forschende zu beschäftigen, sagt Sprecher Manuel Küffer der Republik.

Grund für Zürichs Beliebtheit ist die ETH. Sie bringt jedes Jahr zahlreiche Abgängerinnen hervor, welche die Tech-Firmen rekrutieren können. Zudem eröffnen Forschungskooperationen die Möglichkeit, Technologien und Produkte zu entwickeln, mit denen die Firmen Geld verdienen können.

Kein Wunder, listet der Geschäftsbericht der ETH[6] namhafte ausländische Konzerne als Gönner auf: Facebook, Microsoft und auch Google.

Noch spendierfreudiger ist jedoch Huawei: Der chinesische Tech-Konzern überwies in den vergangenen drei Jahren 7 Millionen Franken an verschiedene Lehrstühle, wie die ETH auf Anfrage schreibt. Dies entspricht den Donationen von ABB, Credit Suisse und Lafarge-Holcim zusammen.

Google sprach während derselben Zeit Beiträge über rund 2 Millionen Franken. Diese Spenden sind gemäss der ETH an keine Bedingungen geknüpft.

Anders ist dies bei Forschungsverträgen für einzelne Projekte. Hier können sich Geldgeber – sofern die ETH zustimmt – die Patent- und Nutzungsrechte von Erfindungen[7] sichern, die aus diesen Projekten hervorgehen. Die ETH verpflichtet sich jeweils, eine dreimonatige Frist abzuwarten, bevor sie die Resultate publiziert.

Die Hochschule hat gegenüber der Republik die dazugehörigen Summen offengelegt. Huawei ist abermals führend: Der chinesische Tech-Konzern unterstützte von 2016 bis heute für 5,5 Millionen Franken zwölf Projekte in den Fachbereichen Informatik, Elektrotechnik und Maschinenbau. Google kam in derselben Zeit auf 3,5 Millionen Franken. Welchem Unternehmen welche Exklusivrechte zugestanden würden, entscheide man von Fall zu Fall, sagt Andreas Klöti, Head of Research Collaboration bei der ETH, der Republik.

So weit, so transparent.

Doch seit dem 15. Mai 2019[8] hat sich ein entscheidendes Detail geändert. An diesem Datum ruft Donald Trump den nationalen Notstand aus.

Regeln eines Handelskriegs

Die USA setzen Huawei auf eine schwarze Liste: Das chinesische Unternehmen darf fortan ohne Genehmigung der US-Regierung keine Technologien oder Hardwarebauteile mehr von amerikanischen Lieferanten einkaufen.

Offiziell ist die Schweiz beim Umgang mit der chinesischen Firma neutral. Doch die ökonomische Realität sieht anders aus. Wie andere europäische Länder auch verfügt die Schweiz kaum über Technologie-Souveränität.

Mangels einer eigenen, in Europa ansässigen Tech-Industrie ist sie im IT-Bereich auf ausländische Ausrüster angewiesen – nicht zuletzt auf amerikanische.

Die Schweiz ist deshalb faktisch gezwungen, der US-Politik Folge zu leisten.

Die ETH Zürich reagiert sofort auf die Ankündigung aus Washington. Anfang Juni 2019 verschickten die Exportkontrollbeauftragte der ETH sowie der Vizepräsident für Forschung und Wirtschaftsbeziehungen eine Mail an alle ETH-Forscher. Darin werden die Mitarbeitenden explizit aufgerufen, die Sanktionen der USA gegen Huawei zu befolgen.

Die Mail liegt der Republik vor. Darin heisst es:

«(The US government) commits us to comply with the regulations as soon as items with US origin, such as US technology, US software or US goods, are included in our research with interaction to any Huawei entity. (...) any delivery or exchange of items (technology, software and goods) of US origin to a Huawei company in any country requires the prior approval of the US government.»

Übersetzung:

«(Die US-Regierung) verpflichtet uns, die Regulierungen zu befolgen, sobald Gegenstände aus US-Herkunft wie etwa US-Technologie, US-Software oder US-Güter in unserer Forschung verwendet werden, die einen Bezug zu einer Huawei-Unternehmenseinheit aufweist. (...) jegliche Lieferung und jeglicher Austausch von Gegenständen (Technologie, Software und Güter) mit US-Herkunft an ein Huawei-Unternehmen in jeglichen Ländern erfordert die vorherige Zustimmung der US-Regierung.»

Gemäss Experten sind die Formulierungen in dieser Mail nicht zufällig gewählt. Mario Daniels forscht seit Jahren an der Georgetown University[9] zu amerikanischen Exportkontrollen und ihren Auswirkungen auf die internationalen Beziehungen. Der deutsche Technologiehistoriker kennt die in der Mail verwendeten Chiffren: Begriffe wie *goods* und *services* seien praktisch eins zu eins aus dem Regularium des US Bureau of Industry and Security (BIS)[10] entnommen worden, einer Teilbehörde des Handelsministeriums.

Direkt an den US-Exportregularien[11] orientiert sich auch der Grenzwert, den die ETH-Exportkontrollfachstelle dem Personal später bekannt gibt:

«According to the rules of US export control regulation, an enhanced technology based on US-Technology will remain US-origin if the percentage of the US-Technology exceeds 25% of the market value of the new technology.»

Übersetzung:
«Eine neu entstandene Technologie, die auf US-Technologie basiert, gilt gemäss den US-Exportkontrollvorschriften weiterhin als aus den USA stammend, wenn der Anteil der US-Technologie 25 Prozent des Marktwerts der neuen Technologie übersteigt.»

Die Schweizer Hochschulen werden damit zum verlängerten Arm der US-Handelsbehörden. Experte Mario Daniels geht aber noch weiter. Er sagt: Das ETH-Schreiben komme einem Sprechverbot nahe. Denn im vagen Begriff «Technologie» seien auch «Information, Forschungsresultate, Know-how» mit eingeschlossen.

Und diese dürfen, wie es in der Mail vom Juni heisst, auf keinen Fall mit Huawei geteilt werden:

«Do not provide any US technology to Huawei, neither by phone, e-mail or any other kind of communication. The exchange of technology shall be limited to research technology exclusively developed at ETH Zurich (= Swiss origin) without support of US technology. (...) In your interactions with Huawei, do not use any services from US companies or companies owned by US companies that are identified as a US person.»

Übersetzung:
«Stellen Sie Huawei keinerlei US-Technologie zur Verfügung, weder per Telefon, per E-Mail noch über jegliche andere Kommunikationsform. Der Technologietransfer sollte auf Forschungstechnologie beschränkt werden, die ausschliesslich an der ETH Zürich (= Schweizer Ursprung) entwickelt wurde ohne Unterstützung von US-Technologie. (...) Verwenden Sie in Ihren Interaktionen mit Huawei keinerlei Dienstleistungen von US-Firmen oder Firmen, die US-Firmen gehören und als US-Personen identifiziert werden.»

Die Regeln würden auch für den informellen Austausch gelten, weist die ETH ihre Mitarbeitenden an:

«This applies irrespective of whether you interact with Huawei under a contractually regulated project or informally.»

Übersetzung:
«Das gilt unabhängig davon, ob Sie mit Huawei im Rahmen eines vertraglich regulierten Projekts oder informell interagieren.»

Gemäss US-Recht fallen einfache Konversationen zwischen Wissenschaftlern aus Europa und China unter die Exportkontrollen für technische Daten, sie sind sogenannte *deemed exports*[12]. Theoretisch müsste dafür eine Lizenz bei der US-Regierung beantragt werden. ETH-Sprecherin Franziska Schmid widerspricht dieser Sichtweise jedoch: «Gemeinsame Forschungsgespräche sind unter Einhaltung der geltenden Exportkontrollbestimmungen mit Huawei-Mitarbeitenden natürlich jederzeit möglich.»

Wie streng das Sprechverbot tatsächlich ausgelegt wird, lässt sich von aussen letztlich nicht nachvollziehen.

Doch das Grundproblem bleibt: In gewissen ETH-Departementen wird fast jedes Forschungsprojekt automatisch zu einer «amerikanischen Technologie».

Freiheit der Forschung in Gefahr?

Betroffen sind zum Beispiel Projekte zu Computerchips oder Chips für das «Internet der Dinge». Viele der europäischen Chipfabriken gehören amerikanischen Eigentümern; bei der logistischen Beschaffung etlicher Chipbausteine kommt man kaum an der US-Industrie vorbei. Gerade in der Halbleiterbranche spitzt sich der Handelskrieg zwischen den USA und China zu.

«Jede Universität, die exportorientierte Hochsicherheitstechnologie erforscht und produziert, fällt praktisch unter die US-Exportkontrolle», sagt Experte Mario Daniels. Ein involviertes amerikanisches Unternehmen – egal, ob aus der Consulting-, der Software- oder der Hardwarebranche – müsse Schweizer Forschende dabei lediglich beraten oder ihnen eine Komponente liefern, um in den Anwendungsbereich des Kontrollregimes zu fallen.

Sind die hiesigen Hochschulen also am Gängelband von Donald Trump?

Bundesbern beschwichtigt. «In der Schweiz sind die Exportkontrollen der USA weder rechtsgültig noch hat die Schweiz Massnahmen in diese Richtung erlassen», sagt Fabian Maienfisch, Sprecher des Staatssekretariats für Wirtschaft (Seco). Martin Fischer, Sprecher des Staatssekretariats für Bildung, Forschung und Innovation (SBFI), antwortet auf Anfrage, dass die ETH autonom über die Verwendung von Drittmitteln entscheide.

Doch für Experte Mario Daniels ist die Faktenlage klar: Die Verwendung von US-Technologie in Zürich bedeute, dass die ETH nicht frei und auf Augenhöhe mit chinesischen Geldgebern wie Huawei verhandeln könne. «Die US-Regierung sitzt gewissermassen immer mit am Verhandlungstisch.»

Stimmt die Einschätzung, so behindern die US-Exportkontrollen damit das oberste akademische Prinzip: den freien Austausch von Ideen und Wissen. Ein weiterer Eintrag auf der langen Sündenliste von Präsident Trump? Das wäre zu einfach.

Denn diese Blockadepolitik ist weder allein Trumps Verschulden noch besonders neu.

Jahrzehntealter Konflikt

Der aktuelle US-Präsident baut auf den Entscheidungen seiner Vorgänger im Oval Office auf – sowohl der Republikaner als auch der Demokraten.

An deren Ursprung stehen Streitereien über einen alten Kompromiss, der aus dem Jahr 1985 stammt – einen Kompromiss zwischen der amerikanischen Wissenschaft und dem Verteidigungsdepartement. Geschmiedet wurde er während des Kalten Kriegs, als der Technologietransfer nach Japan und in die Sowjetunion politische Debatten auslöste. Der Kompromiss mündete in ein Dokument mit dem sperrigen Namen «NSDD-189»[13], das bis heute gültig ist.

Dieses Dokument[14] hält fest: Akademische «Grundlagenforschung» unterliegt keinen Exportkontrollen. Was das genau heisst, darüber wird seit 35 Jahren gestritten.[15] Denn in der Praxis vermischen sich die unterschiedlichen Stufen im Forschungsprozess. «Grundlagen- und angewandte Forschung gehen oft Hand in Hand. Forscher springen zwischen ihnen hin und her», sagt der Experte Daniels.

Mehrere wissenschaftliche Gremien haben in der Zwischenzeit betont[16], wie sehr «akademische Exzellenz» unter einer restriktiven Auslegung der Kontrollen leide. Und die Universitäten haben seit Bestehen des «NSDD-189» immer wieder kreative Strategien angewandt, um ihre Forschungsresultate unter Grundlagenforschung abbuchen zu können.

Doch auch die politische Seite schlief nicht. Sämtliche US-Administrationen haben die komplizierten Exportregularien seit 1985 sukzessive ausgeweitet. Zum Ende der Amtszeit von George W. Bush hatten Forscherinnen noch gehofft, dass «NSDD-189» nun abgeschafft werde. Doch auch Nachfolger Barack Obama ersetzte den alten Kompromiss nicht, sondern bestätigte ihn.

Gerade Huawei wurde seit der Obama-Ära zum grössten Feindbild stilisiert. 2012 publizierte das Repräsentantenhaus einen ersten Untersuchungsbericht[17] über die «Gefahren» der chinesischen Telecomfirmen ZTE und Huawei für die amerikanische Sicherheit. Die Angst der USA, den Status als Technologiemacht Nummer eins zu verlieren, werde seither immer stärker in dieses Unternehmen hineinprojiziert, schreibt etwa das US-Magazin «Wired».[18]

Die Reaktion der Hochschulen

Die geopolitische Auseinandersetzung führe Schweizer Hochschulen in eine ähnliche Zwickmühle wie viele andere Unternehmen auch, erläutert Seco-Sprecher Fabian Maienfisch: Sie müssten eine Güterabwägung vornehmen. Und sich entscheiden: entweder für die USA oder für China.

Selbstredend fällt die Wahl dabei in den meisten Fällen auf die USA.

Ähnlich ergehe es Universitäten in ganz Europa, sagt Kavé Salamatian, Professor für Computerwissenschaften und Huawei-Kenner[19]: Vorauseilender Gehorsam gegenüber Amerika sei Usus. Er wisse von zwei weiteren Universitäten aus Paris, die voraussichtlich ebenfalls ihre Zusammenarbeit mit Huawei einschränken müssten.

Bisher hat zwar nur eine europäische Universität Huawei offiziell «verbannt»[20]: Oxford, wegen Sicherheitsbedenken bezüglich dessen 5G-Mobilfunktechnologie. Doch die US-Sanktionen würden generell hingenommen wie Verkehrsregeln, sagt Mario Daniels. «Die Universitäten sind es nicht gewohnt zu bellen», sagt auch Kavé Salamatian.

Ein Grund für die Zurückhaltung ist, dass Hochschulen zunehmend auf private Gelder angewiesen sind. Die finanziellen Mittel der europäischen Staaten sind knapp, die öffentlichen Förderstrukturen in der EU kompliziert: Da wenden sich Forschende gerne an die unbürokratische Privatindustrie. Und schlucken damit die Kröte – also die US-Auflagen. Dies verunmöglicht allerdings eine breite Debatte über die Auswirkungen der Sanktionen.

Auch die ETH Zürich hat sich für eine Seite entschieden.

Man sei zurückhaltender geworden bei der Vergabe der Exklusivrechte an Huawei, bestätigt Head of Research Collaboration Andreas Klöti im Gespräch. Die Medienstelle bestätigt auf Nachfrage: «Wo möglich tendiert die ETH Zürich dazu, Forschungsprojekte mit Huawei auf nichtexklusiver Basis durchzuführen.» Der Republik vorliegende interne Dokumente zeigen, dass die Standardverträge mit Huawei derzeit von den ETH-Juristen überarbeitet werden. ETH-Sprecher Markus Gross bestätigt die Anpassung.

Bei einem konkreten Forschungsprojekt hat Huawei Ende 2019 gemäss Informationen der Republik nach der Möglichkeit von exklusiven Patentrechten gefragt. Doch die Juristen der ETH-Abteilung für Technologietransfer lehnten ab unter Berufung auf die Exportkontrollvorgaben. Um welches Projekt es dabei geht, können wir aus Quellenschutzgründen nicht schreiben – den Forschenden könnten dadurch Nachteile entstehen.

Zurzeit seien fünf Projekte mit Huawei «in Verhandlung», sagt ETH-Sprecher Markus Gross. Die Hochschule betont, dass die zu verhandelnden Punkte «vielfältig» und nicht allein auf die Exportkontrollen zurückzuführen seien. Manchmal gehe es bei der Nicht-Exklusivitäts-Klausel auch darum, die Weiterentwicklung von Erfindungen mit anderen Partnern oder die Veröffentlichung von Software unter einer Open-Source-Lizenz zu regeln. Auch in Verträgen mit amerikanischen Tech-Firmen sei dies ein Thema.

Die Lausanner EPF ist indes noch strikter als ihre Zürcher Schwesteruni. Sei irgendeine Komponente einer amerikanischen Firma im Spiel, komme es zu gar keiner Forschungskooperation mit Huawei, bestätigt EPFL-Sprecherin Corinne Feuz.

Huawei will von einer Benachteiligung jedoch nichts wissen und betont die gute Zusammenarbeit mit den beiden Hochschulen. Sprecher Manuel Küffer antwortet ausweichend: «Huawei folgt immer den Regeln und Gesetzen der lokalen Märkte.»

Dieses Abwiegeln erklärt sich Professor Salamatian, der selber mit Huawei Projekte durchführt, mit deren Unternehmensstrategie. «Für die Firma ist das Investment in europäische Universitäten reine PR und nichts weiter», sagt der Computerwissenschafter. Zwar seien die Huawei-Manager beleidigt, wenn renommierte Forschungsinstitute die Gelder aus politischen Gründen nicht annähmen. Doch die Projektresultate würden kaum in technisches Equipment einfliessen, dafür betreibe Huawei eigene Forschungszentren in China.

Zwischen den Fronten

Beim «Huawei-Bann» der USA drängt sich der Vergleich zu den Sanktionen gegen den Iran auf. Auch diese gelten offiziell nicht für die Schweiz. Doch damit hiesige Banken und Versicherungen es nicht riskieren, auf eine *black list* gesetzt zu werden, entscheiden sich die meisten gegen Handelsbeziehungen.

Trotzdem: Der Konflikt mit China ist anders gelagert. Die fernöstliche Wirtschaftsmacht ist viel stärker in die weltweiten Technologieproduktionsketten integriert. Das Land ist ein wichtiger Lieferant und ökonomischer Partner des Westens. Gleichzeitig ist es ein erklärter politischer Gegner der Vereinigten Staaten.

In dieser Gemengelage gerät die akademische Welt zwischen die Fronten. Auch sie funktioniert immer stärker global und muss sich in die technologischen Wertschöpfungsketten integrieren. Dennoch gelten für die Hochschulen noch immer die Regeln von 1985. Das ist bizarr – und hat gerade für den Schweizer Forschungsstandort ungeahnte Konsequenzen.

Über die offen zu sprechen sich bei den Hochschulen niemand richtig traut.

Quellen

1 <https://e.huawei.com/se/case-studies/leading-new-ict/2019/st-jakob-park-wi-fi6>

2 <https://consumer.huawei.com/ch/press/news/2019/Huawei-Schweiz-wird-offizieller-Partner-von-Swiss-Ski/>

3 <https://www.huawei.com/en/press-events/news/2019/10/sunrise-huawei-first-european-5g-joint-innovation-center>

4 <https://www.srf.ch/news/regional/zuerich-schaffhausen/bald-5000-google-mitarbeiter-in-zuerich>

5 <http://www.kleinreport.ch/news/facebook-schafft-120-neue-arbeitsplatze-zurich-93314/>

6 <https://ethz.ch/content/dam/ethz/main/eth-zurich/Informationsmaterial/GB18/ETH_GB18_DE_low.pdf>

7 <https://ethz.ch/de/wirtschaft-gesellschaft/intellectual-property.html>

8 <https://www.nytimes.com/2019/05/15/business/huawei-ban-trump.html>

9 <https://gufaculty360.georgetown.edu/s/contact/00336000014T91pAAC/mario-daniels>

10 <https://2009-2017.state.gov/strategictrade/overview/index.htm>

11 <https://www.bis.doc.gov/index.php/documents/regulation-docs/412-part-734-scope-of-the-export-administration-regulations/file>

12 <https://export-compliance.ku.edu/overview-us-export-laws>

13 <https://link.springer.com/article/10.1007/s11024-012-9196-4>

14 <https://fas.org/irp/offdocs/nsdd/nsdd-189.htm>

15 <https://sites.nationalacademies.org/cs/groups/pgasite/documents/web-page/pga_176436.pdf>

16 <https://link.springer.com/article/10.1007/s11024-012-9196-4>

17 <https://republicans-intelligence.house.gov/sites/intelligence.house.gov/files/documents/huawei-zte%20investigative%20report%20(final).pdf>

18 <https://www.wired.com/story/us-feds-battle-against-huawei/>

19 <https://cihr.eu/kave-salamatian/>

20 <https://www.theguardian.com/technology/2019/jan/17/oxford-places-ban-on-donations-and-research-grants-from-huawei-chinese-national-security>

«Made in Switzerland» wird zum löchrigen Käse

Der Cryptoleaks-Skandal kommt zum denkbar ungünstigsten Zeitpunkt: Ausgerechnet jetzt, wo sich die Schweiz als «sauberer Digitalplatz» mit einer internationalen Ethik-Initiative positionieren will.

Erschienen in der Republik, 19. Februar 2020

«Nicht dass du mich belogst, sondern dass ich dir nicht mehr glaube, hat mich erschüttert.»
Friedrich Nietzsche, «Jenseits von Gut und Böse»

Die Zuger Firma Crypto AG hat ein halbes Jahrhundert lang manipulierte Verschlüsselungsgeräte an ausländische Kunden verkauft. Staaten haben sich auf diese Chiffriergeräte verlassen – und lieferten stattdessen ihre Geheimnisse frei Haus an die CIA und den deutschen Bundesnachrichtendienst.

Wie sehr schadet der Cryptoleaks-Skandal der Schweiz?

Darüber debattieren Medien, Politikerinnen und Geheimdienstexperten seit Tagen. Exponenten der FDP versuchen, den internationalen Reputationsschaden herunterzuspielen. Tiana Angelina Moser, Grünliberale und Präsidentin der Aussenpolitischen Kommission im Nationalrat, sagt, bis jetzt habe niemand an den diplomatischen Türen angeklopft[1] und vom Bundesrat Rechenschaft verlangt. Selbst Security-Experten an der renommierten «Swiss Cyber Security Days»-Konferenz in Freiburg haben die Abhöraffäre zweckoptimistisch als Chance[2] zu interpretieren versucht.

Also alles nur halb so schlimm? Nein.

Das Image der Schweiz als neutrale Vermittlerin für diplomatische Dienste mag vielleicht nur leicht angekratzt sein. Für die derzeitige Inszenierung der Schweiz als Zentrum für glaubwürdige Technologien könnten die Cryptoleaks einen nachhaltigen Schaden bewirken. Denn das Timing der Enthüllungen ist denkbar schlecht.

Schweiz will «Digital Trust» etablieren

Blicken wir vier Wochen zurück: Am WEF lanciert die Schweiz eine Initiative für digitale Ethik.[3] Dabei soll ein Ethik-Zentrum in Genf unter der Trägerschaft des Verbands digitalswitzerland und unter der Schirmherrin Doris Leuthard entstehen. Ebenfalls geplant ist eine Art Gütesiegel namens «Digital Trust» (digitales Vertrauen) für die Datenwirtschaft. Ein Team von Akademikern wird in den kommenden Monaten die Vergabekriterien für das «Digital Trust»-Label definieren und mit Pilotunternehmen testen – zum Beispiel mit den SBB und der Credit Suisse.

Erstmals angekündigt hat die Initiative der damalige Bundespräsident Ueli Maurer im September 2019[4], an der Uno-Generalversammlung in New York. Eigentlich war das Thema Klimakrise traktandiert gewesen. Doch Bundespräsident Maurer hielt stattdessen eine Rede über die Digitalisierung und verblüffte damit die Vollversammlung. «Neue Technologien müssen Vertrauen schaffen und sich unser Vertrauen verdienen», sagte er. Und weiter: Die Weltgemeinschaft solle sich zu gemeinsamen ethischen Grundwerten bekennen, diese einhalten und umsetzen.

Das war ein smarter Schachzug der diplomatischen Schweiz. Während EU-Kommissionen und zahlreiche Länder derzeit ethische Grundsätze für den Einsatz von künstlicher Intelligenz und Big Data[5] erst auf dem Papier definieren, geht die Schweiz schon einen Schritt weiter. Sie operationalisiert mit dem «Digital Trust»-Label abstrakte Prinzipien wie «Transparenz» – und bricht sie auf konkret mess- und überprüfbare Ziele herunter, sodass auch die digitale Wirtschaft damit arbeiten kann.

Die Schweiz reklamiert also offensiv einen digitalen Standortvorteil. Bestärkt von einer ganzen Reihe symbolisch wertvoller Entscheide. Etwa, dass Facebook Genf als Sitz für seine Digitalwährung Libra[6] gewählt hat. Und sich Google für seine grösste Niederlassung[7] auf dem Kontinent für Zürich entschieden hat. Dass das Sicherheitsunternehmen Kaspersky sein Kundendatenzentrum in die Schweiz[8] verlagert. Dass Techfirmen, sowohl aus den USA wie aus Russland, sich auf die helvetische Neutralität berufen – und ihre Hauptquartiere in die Schweiz verlagern.

Warum aber interessierte die Lancierung und Gründungsfeier des «Digital Trust»-Ethik-Zentrums am WEF ausserhalb der Schweiz so gut wie niemanden?

Warum berichtete kaum ein Medienhaus jenseits der Grenzen über die Ethik-Offensive des neutralen Gastgeberlandes, obwohl auch Tech-Journalisten aus der ganzen Welt während dreier Tage in Davos anwesend waren?

Unglaubwürdig als Hub für vertrauenswürdige Technologien

Das Desinteresse liegt nicht zuletzt daran, dass die politische Schweiz als Hub für ethisch vertretbare und sichere Technologien praktisch irrelevant ist. Und das war sie bereits vor den Cryptoleaks.

Denn die Entscheidungsträger haben ihre netzpolitischen Hausaufgaben viel zu lange[9] liegen lassen.

- Die Revision des inzwischen völlig veralteten Datenschutzgesetzes von 1992 steht immer noch an.
- Es fehlen Bussen für ungesicherte Sicherheitsvorkehrungen und Datenlecks.
- Es gibt keine Transparenzvorschriften für politische Online-Werbung.

- Die E-ID wird voraussichtlich privatisiert, international eine Ausnahme.
- Der Schweizer Nachrichtendienst hat im europäischen Vergleich weitreichende Befugnisse für den Einsatz von Spionagesoftware und eine enorme Vorratsdatenspeicherung.

Kurz: Jedes EU-Land wäre als Absender glaubwürdiger für die Verkündung von Vertrauenslabels und digitalen Selbstregulierungsprinzipien.

Noch ironischer mutet an, dass drei Wochen vor der Uno-Rede im September derselbe Bundespräsident[10] eine Rede am Schweizer Digitaltag mit einer leicht anderen Stossrichtung hielt: Darin ermahnte Herr Maurer die hiesige Technologieindustrie dazu, endlich vorwärtszumachen und sich nicht immer um alle «Bedenken» und «Risiken» zu kümmern.

Die eingebauten Hintertüren in Chiffriergeräten aus der Zeit des Kalten Kriegs mögen zwar als historisches Kuriosum erscheinen. Denn unterdessen hat sich das Credo durchgesetzt: Vertrauenswürdige, gute, sichere Verschlüsselungstechnik ist immer Open Source. Mit einem Code, den jeder überprüfen, auf Schwachstellen und Hintertüren abklopfen kann.

Oder die manipulierten Geräte verwundern zumindest angesichts der 2015 veröffentlichten Friedman-Akten[11] und der Bühler-Affäre von 1994[12] kaum jemanden mehr.

Dennoch untergräbt der Cryptoleaks-Skandal die Arbeit hiesiger Tech-Unternehmen, die ab 2013 vom Snowden-Momentum profitierten und sich eine Reputation als abhörsichere Alternative zu amerikanischer Technik erarbeitet haben.

Vertrauenswürdige Alternativen in Gefahr

Wir erinnern uns: Nach den Enthüllungen der permanenten Massenüberwachung in sozialen Medien und E-Mail-Diensten durch die NSA gingen immer mehr Tech-Konzerne dazu über, ihre Kommunikationsdienste zu verschlüsseln. Auch ein Teil der Schweizer Privatwirtschaft hatte die Zeichen der Zeit nach Snowden erkannt: So haben sich die Messenger Threema und Wire (ist zwischenzeitlich aber in die USA gezogen), der E-Mail-Dienst Protonmail, die Suchmaschine Swisscows sowie die pEp-Foundation, die an einer verschlüsselten, überwachungsfreien und abhörsicheren Internet-Architektur namens GNUnet arbeitet, etablieren können.

Die obig genannten Unternehmen leben Transparenz vor. Die meisten davon stellen auf der Entwicklerplattform Github Informationen zu ihren Protokollen zur Verfügung oder veröffentlichten teils sogar den ganzen Quellcode. Diesen Firmen hat das «Made in Switzerland»-Label bislang Glaubwürdigkeit verliehen.

Und ihnen damit einen Vorteil gegenüber der Konkurrenz verschafft.

Denn selbst Facebook-Gründer Mark Zuckerberg hat sich unterdessen dazu durchgerungen, die für 19 Milliarden Dollar eingekaufte Nachrichten-App Whatsapp Ende zu Ende zu verschlüsseln, damit sich niemand dazwischenschalten und mitlesen kann. Dasselbe sieht er für den Facebook Messenger vor.

Seit den Snowden-Enthüllungen wissen wir: «Spezial-Hintertüren» für Geheimdienste gibt es nicht. Die Schlüssel dazu könnten geknackt werden, und dann stünden die Türen plötzlich allen offen. Und so bleibt den Tech-Konzernen wie Apple, Google und Facebook nicht anderes übrig, als standhaft zu bleiben und entsprechende Begehren zu verweigern. Auch wenn das FBI immer wieder massiven Druck auf die Firmen ausübt[13], Hintertüren für das Abhören von Terroraktivitäten einzubauen.

Mit dem Cryptoleaks-Skandal hat die Vergangenheit die Schweiz eingeholt. Ob das der Schweiz politisch und diplomatisch langfristig schadet, wird sich zeigen. Klar ist bereits jetzt: Für den Ruf des «sauberen Digitalplatzes» Schweiz ist der Schaden immens.

Denn er ist ramponiert, bevor er sich überhaupt etablieren kann.

Quellen

1 <https://www.suedostschweiz.ch/politik/2020-02-15/apk-praesidentin-moser-bislang-keine-reaktion-von-anderen-staaten>

2 <https://www.inside-it.ch/de/post/wer-heute-noch-eine-blackbox-verkauft-ist-verdaechtig-20200214?utm_source=c36daily>

3 <https://www.handelszeitung.ch/unternehmen/swiss-digital-initiative-startet-am-wef>

4 <https://www.newsd.admin.ch/newsd/message/attachments/58523.pdf>

5 <https://ec.europa.eu/germany/news/20190626-ethische-leitlinien-fuer-kuenstliche-intelligenz-vorgelegt_de>

6 <https://libra.org/de-DE/association/>

7 <https://www.handelszeitung.ch/digital-switzerland/wie-zurich-zum-gross-ten-google-standort-ausserhalb-der-usa-wurde>

8 <https://www.srf.ch/news/wirtschaft/umzug-in-die-schweiz-russische-it-sicherheitsfirma-zuegelt-kundendaten-nach-zuerich>

9 <https://www.republik.ch/2019/09/27/die-grosse-abrechnung>

10 <https://www.youtube.com/watch?v=iV2NGYrfBr0>

11 <https://www.infosperber.ch/FreiheitRecht/NSA-BND>

12 <https://www.srf.ch/play/tv/rundschau/video/der-fall-bueh-ler?id=63ce12f5-a4af-491c-a45e-b8c6cafb654a>

13 <https://arstechnica.com/information-technology/2019/10/ag-barr-is-pus-hing-facebook-to-backdoor-whatsapp-and-halt-encryption-plans/>

Die Digitalisierung ist politisch

Der Einfluss der Technologien auf die Demokratie wird im öffentlichen Diskurs entweder über- oder unterschätzt. Es braucht eine aufgeklärte, breite Debatte – sonst regelt es der Markt.

Erschienen in der Republik, 05. März 2020

Ben Rattray, der Gründer der Kampagnenplattform Change.org[1], machte vor vielen Jahren eine bemerkenswerte Aussage[2]. Bereits 2014 befand er, Silicon Valley habe alle möglichen Bereiche demokratisiert: Kommunikation, Transport, Wohnungsvermittlung – nur nicht die Demokratie selbst. Stattdessen, so ergänzte Rattray sein Zitat später, bekam die Bevölkerung von der Tech-Industrie ein anderes «Geschenk»[3]: personalisierte politische Werbung.

Wie richtig Rattray lag, zeigte sich in den darauffolgenden Jahren. Negative Schlagzeilen aus der gesamten Tech-Welt im Kontext der Demokratie erscheinen seither fast im Wochentakt. Doch anders als bei Politik und Wirtschaft tun sich die Medien oft schwer, diese adäquat einzuordnen. Gerade Politikjournalistinnen interessieren sich oftmals nur dann für Technologie, wenn Politiker Shitstorms auslösen oder ihr Konto gehackt wurde.

Auf der anderen Seite werden Tech-News hochgehypt, über andere wird gar nicht erst berichtet, und bei vielen werden die falschen Fragen gestellt, oder sie werden nicht adäquat eingeordnet. Skandalisierung hier, Ignoranz dort: Beides verunmöglicht eine aufgeklärte Debatte über Digitalisierung, in der aktuelle Phänomene in einen grösseren demokratiepolitischen Kontext eingebettet werden.

Der Demokratie-Check

Alle reden von der Krise der Demokratie – wir auch. Und wir wollen wissen: Was ist es, was die Demokratie im Innersten zusammenhält? Von welchen Kräften gehen aktuell die grössten Bedrohungen aus? Wie und wodurch erweist sich die Demokratie als widerstandsfähig? Unsere Übersicht zum Themenschwerpunkt.[4]

Digital mündige Bürger aber brauchen kompetente Berichterstattung. Nicht nur zur Meinungsbildung, sondern um Gestaltungswünsche und Forderungen an die Politik und die Technologiekonzerne zu formulieren – als User ebenso wie als Citoyenne.

Wie sehr es bisher an einer konsistenten und kompetenten Berichterstattung mangelt, zeigt sich zum Beispiel an folgenden Themenkomplexen:

Desinformation

Auch vier Jahre nach der Sensationswahl von Donald Trump lechzen Medienhäuser immer noch nach einfachen technologischen Erklärungen. Dabei stürzen sie sich oft auf frische sozialwissenschaftliche Studien, die noch nicht durch sogenannte Peer-Reviews evaluiert wurden – bei denen also noch kein kritisches Gegenlesen von anderen Wissenschaftlerinnen stattgefunden hat. Je nach Zeitdruck lesen Journalisten kaum über das Abstract hinaus, hinterfragen die Methoden nicht, sondern fassen grob die Befunde des «Executive Summary» zusammen.

Das renommierte Oxford Internet Institute hat im vergangenen Jahr eine Studie[5] über Desinformationskampagnen publiziert. Fazit: In mindestens 70 Staaten fänden gross angelegte Fake-News-Operationen statt, die grossteils von politischen Bots durchgeführt werden, zum Teil von Regierungen gesteuert. Der Report, dessen Trends durchaus richtig eruiert sein mögen, enthält aber keine Angaben darüber, nach welchen Kriterien diese Bots identifiziert worden sind.

Das Phänomen der sogenannten Bot-Armeen könnte also masslos übertrieben gewesen oder aber noch viel gravierender sein. Wir wissen es nicht. Die Autoren haben sich vor allem auf Medienberichte der einzelnen Länder und ein nicht näher definiertes Modell gestützt. Dennoch hielt dies die «New York Times» nicht davon ab, die Studieninhalte in einen Artikel über den grossen Desinformationskrieg[6] weltweit zu verpacken. Kurz: Twitter-Analysen haben durchaus Aussagekraft, ihre Begrenzungen und vor allem ihre methodische Herleitung müssen aber von den Medienschaffenden stärker hervorgehoben und in einen Kontext gestellt werden.

Bei der gezielten Fabrikation und Streuung von vorsätzlichen Fake News scheinen nach wie vor menschliche Verfasser relevanter zu sein als Bot-Armeen: Donald Trump kann sich in diesem Wahljahr wieder auf eine digitale Armada von freiwilligen Helfern[7] stützen, die allerlei lokale Newsportale für ihn betreiben werden – mal mit wahren Zeitungsinhalten, mal mit frei Erfundenem, jedenfalls mit einer klaren politischen Agenda dahinter.

Unter anderem in Michigan – einem der wichtigsten Swing States – haben Republikaner unter dem Decknamen Metric Media Foundation[8] ein ganzes Netz von rund 40 lokalen Medien[9] aufgespannt. Diese publizieren teils seriöse Nachrichten, teils Studien von religiösen und konservativen Thinktanks. Die Informationslage in den USA, einem Land mit einem ohnehin sehr polarisierten Mediensystem, wird 2020 mit diesen neuen Playern noch viel verworrener und verwirrender als vor vier Jahren.

Manipulation
Seit den US-Wahlen 2016 ist die massive Beeinflussung des Wählerverhaltens ein Dauerthema. Die Netflix-Doku «The Great Hack»[10] zeigt den Erfolg datengetriebener Beeinflussungsoperationen in Form von individualisierten Facebook-Werbeanzeigen – und präsentiert dies als unumstösslichen Fakt. Dabei steht bis heute der empirische Beweis des Erfolgs von *Behavioural Advertising* auf Social Media aus.

Das bedeutet nicht, dass solche Methoden in Zukunft nicht grössere Effekte zeitigen können. Aber es ist nach aktuellem Forschungsstand nicht erwiesen, dass psychometrische Modelle und Big-Data-Operationen hinter Facebook-Anzeigen unentschlossene Wählerinnen zu einem Kandidaten treiben. Deshalb sprechen Politologen wie Dave Karpf[11] bei diesem Thema von einem hartnäckigen Mythos, der von Medien und vor allem in der Kommunikationswissenschaft fortgeschrieben werde.

Selbst Brad Parscale[12], Trumps Digitalchef, glaubte gemäss eigenen Angaben nicht an die Werbeversprechen von Cambridge Analytica, wie er in einem aufschlussreichen Interview[13] in der Sendung «60 Minutes» ausführte. Er selber testete Seite an Seite mit beratenden Facebook-Mitarbeitern verschiedene diffamierende Botschaften und Desinformationstexte zur Persona Hillary Clinton. In die Anzeigen, mit denen die anvisierten Zielgruppen – junge Frauen, afroamerikanische Wähler und weisse männliche Industriearbeiter – am besten «performten», wurde noch mehr Budget investiert. Ein hochrangiger Facebook-Manager sprach von der bislang besten Kampagne.[14] Offenbar waren Parscales evidenzbasierter Ansatz und seine Experimentierlust relevanter für Trumps Facebook-Erfolg.

Hacking

Meldungen von Security-Firmen werden von Medien fast unwidersprochen übernommen, wenn sie bestimmte Narrative bestätigen. Etwa die News[15], dass die russische Hackergruppe Fancy Bear das ukrainische Gasunternehmen Burisma gehackt haben könnte. Notabene also jenes Unternehmen, in dessen Verwaltungsrat Joe Bidens Sohn Hunter bis April 2019 sass. Die Meldung wurde im Januar ein paar Wochen vor dem Ende des Impeachment-Verfahrens veröffentlicht. Aufgekommen ist die These vom Hacking in einem dünnen Bericht einer bislang unbekannten Firma Area 1[16], die sich auf unbekannte Experten berief und daraufhin gleich ihre Security-Produkte für demokratische Wahlen lobpreiste. Es hätte also, auch wegen des Zeitpunkts, gute Gründe gegeben[17], die Motivation der Security-Firma und die Urheberschaft kritisch zu hinterfragen, die

Meldung besonders streng auf ihre Stichhaltigkeit zu überprüfen und offene Fragen transparent zu machen. Viele Medien transportierten die Meldung des Hacks jedoch als Fakt.

Hacking-Angriffe sind schwer zuzuordnen – selten lässt sich der geografische Herkunftsort des Angriffs ausfindig machen. Klar ist, wem die Meldung über das Hacking nützt: der Security-Firma, die ihre Produkte bewerben kann. Auch wenn tatsächlich die Gruppe Fancy Bear hinter dem Hacking-Angriff stecken soll: Wie soll die Leserin ohne Vermittlung solcher Kontexte die verbreitete Information adäquat einordnen können?

Nur Technologie, die manipuliert, ist interessant

Die skandalorientierte öffentliche Debatte über Social Media hat nicht nur mit ungenauer Lektüre von sozialwissenschaftlichen Studien zu tun. Sondern auch mit einem einseitigen Fokus auf die Wirkungs- und Nutzungsebene: Datenbasierte Beeinflussungsmethoden werden erst dann zu einem medialen Thema, wenn sie Sensationslüsternheit bedienen und es potenziell um Manipulation geht. Fragen zu Software, IT-Sicherheit und Privatsphäre werden hingegen gar nicht als politisch wahrgenommen. Die Geschäftsmodelle der IT-Firmen und die Datenwirtschaft als solche sind kaum öffentlicher Gegenstand. Schnittstellen, Datenschutzerklärungen und Sicherheitspatches – so technisch diese Begriffe klingen mögen – haben jedoch weitreichende demokratiepolitische Implikationen.

Auch dazu eine Reihe von Beispielen.

Schnittstellen

Gerade am Fall Cambridge Analytica lässt sich das soeben Gesagte gut illustrieren: Dass hier massenhaft persönlichste Daten von unwissenden Wählerinnen abgeflossen sind, war nicht etwa «missbräuchlich», wie uns die Facebook-Führungsriege mehrfach glauben machen wollte. Liest man die alten Nutzungsbedingungen von Facebook durch, so geschah dies mit dem Wissen und sogar nach dem Willen der Firma. Denn die betreffende technische Schnittstelle zwischen Plattform und externer App war lange Zeit ein legales Gratisgeschenk[18]: an die App-Entwicklerinnen, an den damaligen Präsidenten Barack Obama für seine Mobilisierungskampagne 2012, für Wissenschaftlerinnen und Gamer auf der ganzen Welt, die über Abfragen jener Schnittstelle Facebooks Datenpool anzapfen konnten.

Weshalb hat also diese Datenstaubsaugerfunktion die Welt bisher nicht gross gekümmert?

Der vom «Guardian» enthüllte Sündenbock Cambridge Analytica ist ja keineswegs ein Einzelfall. Vielmehr steht die Firma stellvertretend für eine riesige Datenindustrie, die bis 2014 ihre Datenbanken mit Facebook-Likes von ahnungslosen Nutzerinnen gefüttert hat. Es ist vollkommen unklar, in wie vielen weiteren Datenbanken von dubiosen Big-Data-Unternehmen jede Einzelne von uns unwissentlich «verarbeitet» worden ist. Das allein wäre schon skandalös. Doch für die meisten von uns werden diese Datenlecks erst relevant, wenn sie grössere Manipulationsängste bedienen. Oder wenn damit politische Grossereignisse wie der Brexit erklärt werden.

Entgrenzende Plattformen
Auch die Werbenetzwerke der Tech-Giganten wurden erst nach diversen Enthüllungen zum Politikum. Es brauchte Zuckerbergs zerknirschtes Eingeständnis der russischen Einflussnahme auf die US-Wahlen, um der Öffentlichkeit zu demonstrieren, dass auf globalen Plattformen nationalstaatliche Grenzen keine rechtsverbindliche Gültigkeit haben. Doch bereits vorher war antizipierbar: Im Datenselbstbedienungsladen von Google und Facebook kann sich jeder mit Netzanschluss und 50 Euro Budget in Referenden und Gemeinderatswahlen auf dem ganzen Planeten einmischen – egal ob in Wülflingen, Nabarangpur oder Rockhampton. Mit einer Anmeldung im Werbeanzeigenmanager als Werbekunde lassen sich innert wenigen Klicks Kampagnen aufsetzen, die innert wenigen Minuten automatisiert genehmigt werden.

In welche absurden Szenarien solche Werbemodelle münden, illustrieren Satiriker oftmals besser als die Medien: So hat Sacha Baron Cohen in einer Preisrede eindringlich davor gewarnt[19], dass die Nazis heute auf Facebook in wenigen Minuten eine 30-sekündige Videokampagne für die «Lösung der Judenfrage» aufschalten würden – und Facebook diese aufgrund seiner Gemeinschaftsrichtlinien nicht einmal stoppen würde. Cohen gelang es so, in einem Satz das Problem der automatisierten und unkontrollierten Werbemaschinerie auf den Punkt zu bringen.

Fragmentierte Öffentlichkeiten und polarisierender Algorithmus

Jeder, der ein bisschen was von zeitgemässem Onlinemarketing versteht, weiss: Jeder Userin kann in ein paar Sekunden eine andere Wahrheit präsentiert werden als ihrer Zimmernachbarin, ihrem Bruder oder der Arbeitskollegin. In der Offlinewelt haben wir als Gesellschaft zwar keine Einigung über eine bestimmte politische Lösung – aber wenigstens dasselbe Verständnis, was überhaupt die Ausgangslage ist. Mit dem werbebasierten Micro-Targeting und der zunehmenden Personalisierung wird dieses fundamentale Prinzip unterwandert. Indem Verschwörungstheoretiker ungehindert Desinformation an einzelne Profile ausspielen, diese nicht von Faktencheckern geprüft und somit die einzelne Empfängerin der Botschaft verwirrt wird. Theoretisch könnte nach diesem Prinzip jeder User unterschiedliche und widersprechende Informationen über das Coronavirus oder die Klimakrise erhalten.

Dies hat fatale Konsequenzen für den politischen Diskurs. Denn eine Demokratie ist auf eine politische Öffentlichkeit und Transparenz aller politischen Standpunkte angewiesen. Zwar hat Facebook in der Zwischenzeit mit der «Ad Library»[20] hier etwas Transparenz geschaffen. Doch mit der Entscheidung für ein individualisiertes Werbemodell haben die Führungslenker von Twitter und Co. sich nicht für offene Arenen, sondern für personalisierte Welten entschieden – eine klare Werteentscheidung. Mit politischer Relevanz.

Dasselbe gilt für eine andere Eigenheit beliebter Apps: Die meisten Netzwerke sind so designt, dass sie Suchtverhalten fördern: Weshalb verbringen wir so viel Zeit auf den Netzwerken? Weil sie Anreizstrukturen wie zum Beispiel die «belohnenden» Like-Buttons bieten und uns mit allem möglichen Content bei Laune halten. Mögen das Katzenvideos, Ferienbilder oder «Spiegel»-Schlagzeilen sein.

Auf politischer Ebene hat sich klar gezeigt: Je mehr Lärm und Empörung generiert wird, desto mehr Aufmerksamkeit gibt es dafür. Und desto höher fällt die Verweildauer der Nutzerinnen aus. Denn auf Metadaten ausgerichtete Algorithmen lernen: Eine Nachricht, die viele Shares erzeugt, ist eine gute Nachricht. Und nicht etwa jene, die einen moderaten Ton anschlägt oder besonders differenziert ausformuliert ist. Entscheidend ist die Teilbarkeit, nicht der Wahrheitsgehalt.

Es brauchte jedoch erst den Aufstieg der Social-Media-affinen rechtsnationalistischen Parteien wie AfD und FPÖ sowie Donald Trumps Wahl als US-Präsident, bis die politische Sprengkraft der Algorithmen – und das opportunistische Businessmodell dahinter – endlich ins öffentliche Bewusstsein rückte.

Falsche Fragen

Es gibt auch Beispiele ausserhalb der sozialen Netzwerke, in denen die öffentliche Debatte politische Kernfragen verfehlt: Bei der Publikation der «New York Times»[21] über die Gesichtserkennungs-Software Clearview AI wurde unter anderem moniert, dass die Erkennung der Software nicht gut genug funktioniere. Ihre Fehlerquote sei zu hoch, gerade dunkelhäutige Menschen würden den falschen Identitäten zugeordnet und somit als *false positives* in Polizeigewahrsam genommen. Dieser Argumentation zufolge müsste man Software einfach noch präziser «trainieren», sodass sie dann gerechterweise alle Menschen lückenlos identifizieren kann. Denn Technik sei ja – ein ebenso hartnäckiger Mythos – «neutral».

Doch wo beginnt genau der Schaden? Bei der falschen Zuordnung? Oder bei der Zuordnung per se? Akkurate Echtzeiterkennung von Gesichtern macht Strafverfolgung womöglich effizienter, bedeutet aber auch das

Ende der Anonymität im öffentlichen Raum. Doch statt dass wir grundsätzlich über den Zweck und den Einsatz von automatisierter Gesichtserkennung[22] diskutieren, reden wir über korrektes Matching von uns selbst als Datensubjekten.

Dass IT-Infrastruktur höchst politisch ist, müsste eigentlich auch beim medialen Dauerbrenner 5G[23] deutlich sein.

Für die meisten Politikerinnen Europas ist es ein *no brainer*, dass bei der Wahl des richtigen 5G-Netzanbieters Fragen der technologischen Souveränität eine Rolle spielen. Und dass auch geopolitische Abhängigkeiten von den USA und China problematisiert werden müssen. Nicht so in der Schweiz: Hier dominiert allein die Gesundheitsdebatte. Politische Bedenken über die Verwundbarkeit durch die zunehmende Virtualisierung unserer IT-Infrastruktur? Fehlanzeige.

Hätte der Bund keinen temporären Marschhalt eingeläutet[24], wäre 5G bereits flächendeckend Ende dieses Jahr in der Schweiz verfügbar. Nach den Masterplänen von Swisscom und Co. sollen schnellstmöglich alle Häuser mit Sensoren versehen, ans Netz angeschlossen werden und miteinander kommunizieren – und das auf komplett ungesicherten Netzverbindungen.

Der Warnruf von Sicherheitsexperte Bruce Schneier[25], «Internetsicherheit muss genau gleich wie Flugsicherheit behandelt werden», ist in der Schweiz weder auf politischer noch auf gesellschaftlicher Ebene angekommen. Kein Wunder, machen sich die meisten Schweizerinnen mehr Sorgen über Strahlenwerte als darüber, ob ein künftig dank 5G autonom fahrendes Auto sie direkt in den Abgrund fahren könnte.

Eine demokratiefreundliche Digitalisierung ist möglich

Weil die Politik in der Verarbeitung dieser agilen Entwicklungen hinterherhinkt und den Redaktionen die analytische Kompetenz fehlt, haben die Datenkonzerne bisher leichtes Spiel. Sie können weiterhin klassische Pflästerchenpolitik betreiben. Ab und an werden sie ein wenig an den Softwarestellen schrauben, die Reichweiten gewisser Inhalte wieder herunterstufen, die Zahl von Empfängerkontakten reduzieren ...

Am Werbemodell von GAFAM, also den grossen fünf (Google, Amazon, Facebook, Apple und Microsoft), wird sich damit jedoch in naher Zukunft nichts ändern. Börsenkotierte Technologieunternehmen sind nämlich in erster Linie den Aktienwerten der Wallstreet verpflichtet und nicht dem Gemeinwesen. Die unsichtbare Hand des Datenkapitalismus sorgt dafür, dass sich die ungesättigten Big Five noch mehr Marktanteile einverleiben. Obwohl genau der entfesselte Datenkapitalismus und der permanente Aufmerksamkeitswettbewerb für das toxische Klima in der Netzsphäre verantwortlich sind.

Dies führt dazu, dass immer mehr Internetnutzende in eine Art digitale Apathie verfallen, mit zwei Ausprägungen: Entweder entsagen sie sich ganz den sozialen Netzwerken und jeglichen Arten von Onlinediensten. Oder sie belassen ihre Passwörter bei «123456» und ändern nichts an den datenabsaugenden Voreinstellungen ihres Profils, bis sie selber von Ransomware betroffen sind und geschädigt werden.

Beide Bewältigungsstrategien sind Gift für einen konstruktiven Technologiediskurs. Denn verdrossene oder gleichgültige Bürger üben keine konstruktive Kritik zur Verbesserung von Produkten. Und die Politikerinnen sehen keinen Anlass, die Instrumente, deren sie sich selber gerne bedienen, zu regulieren.

Bei einer disparaten Medienberichterstattung und einem panikgetriebenen Digitalisierungsdiskurs wird das Denken in grösseren Zusammenhängen unmöglich. Was wären konkrete Alternativen zum gegenwärtigen Plattform-Kapitalismus? Der Wunsch des Change.org-Gründers Ben Rattray nach demokratieverbessernder Technologie ist keine Utopie, sondern durchaus machbar.

In der netzpolitisch engagierten Szene gibt es breiten Konsens darüber, was die Anforderungen dafür sind: grösstmögliche Transparenz über die Funktionsweise einer Software durch Open und Free Source, Hoheit der Daten bei den Bürgerinnen, dezentrale Serverstrukturen und Datenbanken sowie Datensparsamkeit als oberstes Prinzip. Neben der Technologie allein braucht es aber neue Prozesse, Moderationsformen und ein Design, das unsere Argumente sortiert und einordnet.

Kurz: Nicht nur ein freier und auf ethischen Prinzipien abgestützter Code spielt eine Rolle, sondern auch alle Kontrollen und sauber eingebaute Prozeduren der Ausführung. Und der politische Wille, genau solche Technologien mit öffentlichen Geldern zu fördern.

Accountability hinter Blackbox-Systemen

Weil sich diese Erkenntnisse langsam, aber doch immer mehr durchsetzen, ein paar gute Nachrichten zum Schluss.

In der Schweiz und in Deutschland wächst das Bewusstsein für sogenannte Civic-Technologien, also Technik, die Engagement und Teilhabe der Bürger fördern will. Mit Förderfonds wie etwa dem Prototype Fund[26] ist die Zivilgesellschaft aufgerufen, digitale Lösungen zu programmieren, welche die Partizipation fördern. Länder wie Taiwan[27], aber auch Metropolen wie Barcelona[28] und Amsterdam[29] machen vor, wie intelligente und überwachungsfreie Städte und deliberative Plattformen funktionieren können. Und die EU versucht mit ihrer neuen Digitalstrategie[30] eine positive Vision einer europäischen Datenökonomie aufzubauen, gestützt auf die Datenschutz-Grundverordnung (DSGVO).

Auch in den Medien gibt es erfreuliche Beispiele: So arbeiten die «Rundschau» von SRF und der «Tages-Anzeiger» historische Vorgänge rund um den Überwachungsskandal Cryptoleaks[31] akribisch und kontinuierlich auf. Zum Ärger der betroffenen Politikerinnen, die diese Vergangenheitsbewältigung lieber gestern als heute unter den Teppich kehren möchten.

Genau so geht politikrelevanter Technologiejournalismus: indem Accountability, eine Rechenschaftspflicht, geschaffen wird, wo vorher eine «Blackbox» war. Indem Entscheidungsträger und ihr Spielraum hinter der Software konkret benannt, Missstände sichtbar gemacht werden und aufgezeigt wird, was die Alternativen gewesen wären. Wie bereits der Vordenker Evgeny Morozov in einem Interview mit der Republik[32] sagte: «Hinter spezifischen Technologieeffekten stehen historisch gewachsene Machtstrukturen, die nicht notwendig die Form haben müssen, die sie haben. Sie können auch wieder verändert werden.»

Es braucht einen aufgeklärten Digitalisierungsdiskurs, der die Bürgerinnen befähigt, zu verhandeln, in welche Richtung die Digitalisierung in einer Demokratie verändert werden soll. Sonst regelt es nämlich der Markt.

Quellen

1 <https://www.change.org/>

2 <https://www.wired.com/2014/12/silicon-valley-bets-millions-site-can-improve-democracy/>

3 <https://medium.com/@benrattray/how-technology-can-improve-democracy-c089fc8f9463>

4 <https://www.republik.ch/2020/02/22/wir-machen-den-demokratie-check>

5 <https://comprop.oii.ox.ac.uk/wp-content/uploads/sites/93/2019/09/CyberTroop-Report19.pdf>

6 <https://www.nytimes.com/2019/09/26/technology/government-disinformation-cyber-troops.html>

7 <https://www.theatlantic.com/magazine/archive/2020/03/the-2020-disinformation-war/605530/>

8 <https://www.cjr.org/tow_center_reports/hundreds-of-pink-slime-local-news-outlets-are-distributing-algorithmic-stories-conservative-talking-points.php>

9 <https://www.theguardian.com/us-news/2019/nov/19/locality-labs-fake-news-local-sites-newspapers>

10 <https://www.republik.ch/2019/10/10/the-great-hack-und-die-vision-einer-digitalen-demokratie>

11 <https://mediawell.ssrc.org/expert-reflections/on-digital-disinformation-and-democratic-myths/>

12 <https://www.newyorker.com/magazine/2020/03/09/the-man-behind-trumps-facebook-juggernaut?utm_campaign=aud-dev&utm_source=nl&utm_brand=tny&utm_mailing=TNY_Maga-zine_Daily_030220&utm_medium=email&bxid=5be9f77024c17c6adf0dd9ec&cn did=23350058&esrc=&mbid=&utm_term=TNY_Daily>

13 <https://www.cbsnews.com/news/facebook-embeds-russia-and-the-trump-campaigns-secret-weapon-60-minutes/>

14 <https://www.theatlantic.com/magazine/archive/2020/03/the-2020-disinfor-mation-war/605530/>

15 <https://www.nytimes.com/2020/01/13/us/politics/russian-hackers-burisma-ukraine.html>

16 <https://cdn.area1security.com/reports/Area-1-Security-PhishingBurismaHol-dings.pdf>

17 <https://www.spiegel.de/netzwelt/web/die-neue-hack-unordnung-a-df17b583-51e3-4aac-b290-cb9732a83692>

18 <https://www.republik.ch/2018/03/21/missbrauch-geschaeftsmodell>

19 <https://www.spiegel.de/netzwelt/netzpolitik/sacha-baron-cohen-rechnet-mit-tech-firmen-wie-facebook-ab-a-1297927.html>

20 <https://www.republik.ch/2019/07/18/der-nackteste-wahlkampf-aller-zeiten>

21 <https://www.nytimes.com/2020/01/18/technology/clearview-privacy-facial-recognition.html>

22 <https://medium.com/@dorotheabaur/opposing-facial-recognition-why-focu-sing-on-accuracy-misses-the-point-9b96ea3f864b>

23 <https://www.republik.ch/2020/02/25/5g-die-fragen-die-fakten>

24 <https://www.nzz.ch/schweiz/der-bund-verzoegert-die-umfassende-nut-zung-von-5g-in-der-schweiz-ld.1539205>

25 <https://www.schneier.com/books/click_here/>

26 <https://prototypefund.opendata.ch/>

27 <https://congress.crowd.law/case-vtaiwan.html>

28 <https://www.wired.co.uk/article/barcelona-decidim-ada-colau-francesca-bria-decode>

29 <https://background.tagesspiegel.de/smart-city-was-berlin-von-amsterdam-lernen-kann>

30 <https://ec.europa.eu/info/strategy/priorities-2019-2024/europe-fit-digital-age/shaping-europe-digital-future_en>

31 <https://www.srf.ch/news/international/geheimdienst-affaere-cryptoleaks-kurz-erklaert>

32 <https://www.republik.ch/2020/01/04/der-umgang-mit-big-tech-ist-ent-scheidend-fuer-eine-progressive-politik>

«Die Zahl der Todesfälle haben wir aus Wikipedia entnommen»

Papierbürokratie, menschliche Fehler und fehlende digitale Werkzeuge: Das Bundesamt für Gesundheit schafft es nicht mehr, die Corona-Epidemie in der Schweiz korrekt zu dokumentieren. Das erschwert die Bekämpfung des Virus.

Erschienen in der Republik, 20. März 2020

Wie viele Personen in der Schweiz wurden bisher getestet? Wie viele positiv, wie viele negativ? Wer gilt als geheilt, und wie viele Leute sind gestorben?

Das Bundesamt für Gesundheit (BAG) kann zu einigen dieser Fragen keine Antworten mehr geben. Oder zumindest keine präzisen und aktuellen.

Dies geht aus Gesprächen hervor, welche die Republik über die vergangenen zwei Wochen mit diversen Mitarbeitenden aus den zuständigen Abteilungen geführt hat. Sie berichten von einer veralteten, überholten IT-Infrastruktur und von einer «Papierschlacht wie in einem Film der 1980er-Jahre».

Gemäss den Schilderungen sind die Meldeprozesse kompliziert und die Meldekriterien unverbindlich. Das verkompliziert die Datenerfassung zur Epidemie und macht die offizielle Corona-Statistik fehleranfällig.

Vier Beispiele illustrieren die Schwierigkeiten:

- Seitdem die Neuinfektionen am vergangenen Wochenende ihren Höhepunkt erreicht haben, ist das BAG mit der Erfassung der Fallzahlen im permanenten Verzug. Schätzungen werden gemacht, indem Papierstapel von Formularen auf eine Waage gelegt werden.

- Statt übers eigene Meldesystem erfuhren BAG-Mitarbeitende bis vor kurzem in vielen Fällen erst durch die Presse oder über die Online-Enzyklopädie Wikipedia von Todesfällen oder von geheilten Patienten.
- Nur bei maximal 30 Prozent der positiv getesteten Covid-19-Fälle verfügt das BAG über wichtige Zusatzinformationen zu den Patienten – etwa wo und wann sie sich angesteckt haben. In vielen Fällen weiss das Amt nicht, ob eine positiv getestete Patientin wieder genesen ist.
- Weil die Papierflut derart anwächst, wird intern über eine weitere Ausdünnung der Meldekriterien für Ärztinnen, Kantonsärzte und Spitäler beraten. Damit würden die gemeldeten Fallzahlen noch tiefer ausfallen und noch weniger Positivbefunde in die BAG-Statistik aufgenommen.

Über die Schwächen des Meldesystems sind sich die meisten Mitarbeitenden einig. Sie liegen im ständigen Wechsel zwischen digitalen und analogen Datenträgern und in der daraus resultierenden Formularflut:

- Unleserliche Handschriften auf Papierbögen und Faxmitteilungen müssen in mühsamer Einzelarbeit entziffert werden.
- Meldungen, die via unverschlüsseltes E-Mail ins Amt gelangen, müssen manuell und Stück für Stück bearbeitet werden.

Die überholten Abläufe beim BAG führen zu einem «Underreporting» der Corona-Epidemie und erschweren das Echtzeitmonitoring. Experten wie Marcel Salathé, Epidemiologe an der ETH Lausanne, üben deshalb heftige Kritik: «Die Situation ist der Schweiz unwürdig.»

Die Corona-Formularflut

Macht eine Patientin einen Covid-19-Test, so müssen typischerweise 4 Schritte durchlaufen werden, bis ein Eintrag in der BAG-Datenbank erfolgt.

1. Der Arzt nimmt einen Abstrich und schickt die Probe via Kurier oder Post an eines der 20 untersuchenden Labors. Zusätzlich füllt er ein ausgedrucktes Formular aus und übermittelt dieses per Post ebenfalls an das Labor.

2. Das Labor testet die Probe. Die Resultate speist es über ein separates Formular in die eigene Verwaltungssoftware ein. Via Fax oder Post wird dieses Formular wieder zurück an den Arzt und an die Kantonsärztin sowie via verschlüsseltes E-Mail zum BAG versendet. Dort tippen Mitarbeitende der Abteilung Infektionskrankheiten die Informationen des gesendeten Formulars manuell ins eigene zentrale Meldesystem ein.

3. Die Kantonsärztin verlangt nun in einem weiteren Schritt einen klinischen Befund des Arztes[1] zur Patientin. In jedem Kanton ist dieser Kommunikationsschritt (Telefon, Fax etc.) anders geregelt. Der klinische Befund umfasst inhaltliche Angaben zur Patientin: welche Symptome sie aufweist, welche Risikofaktoren und welche Exposition (Reisetätigkeit) vorliegen.

4. Der behandelnde Arzt gibt alle Angaben in einem neuen Formular an und verschickt dieses innerhalb von 24 Stunden via Fax an den Kantonsarzt und ans BAG. Auch hier übertragen und ergänzen BAG-Mitarbeitende die Resultate manuell in das zentrale Meldesystem zum gelisteten positiven Fall.

Verpasste Digitalisierung

Dass die Übertragungswege derart kompliziert sind, liegt teils am Gesetz. Die vom Innendepartement (EDI) erlassene Verordnung über die Meldung von Beobachtungen übertragbarer Krankheiten des Menschen[2] verlangt, dass Meldungen ans BAG per Post, Kurier oder Fax gemacht werden müssen.

Doch derselbe Artikel erwähnt auch, dass Meldungen in einem «vom BAG bezeichneten System elektronisch übermittelt» werden könnten. Eine solche digitale Innovation für die Meldungen von Laboratorien und Ärzten hat das BAG 2014 in einer Gesamtevaluation in der Tat auch angekündigt.

Bis heute wurde dieses System jedoch nicht bereitgestellt. Zwar hat die Abteilung Meldesysteme eine Ausschreibung im Sommer 2019 auf der IT-Beschaffungsplattform des Bundes simap.ch veröffentlicht.[3] Doch dabei handelt es sich lediglich um einen Kommunikationskanal für den besseren Nachrichtenaustausch zwischen Kantonsärzten und BAG-Mitarbeitenden. Nicht um automatisierte Meldungsabläufe.

BAG-Mediensprecher Daniel Dauwalder sagt auf Anfrage: «Die in der Verordnung bezeichnete ‹elektronische Übermittlung› ist ein längerfristiges Projekt, welches wegen der aktuellen Covid-19-Situation nicht beschleunigt werden kann.»

So bleibt es beim Wirrwarr aus analogen Formularen, verschiedenen Datenbanken und veralteten Kommunikationskanälen.

Das führt zu diversen Problemen.

Zum Beispiel stellen Faxübermittlungen ein Sicherheitsrisiko dar: Seit Schweizer Telecomkonzerne die Analogleitungen abgeschafft haben, können Faxmitteilungen nur noch digital gesendet werden. Bietet der IP-Telefonie-Anbieter keine sichere Verbindung an, ist ein Fax komplett unverschlüsselt.

Viele Faxnachrichten kommen allerdings gar nicht an. Schätzungsweise jeder zehnte Fax[4] geht verloren. Hinzu kommt, dass viele via Fax übermittelte Formulare händisch ausgefüllt wurden, was die Datenerfassung bei unleserlicher Schrift verunmöglicht. Für Nachfragen reicht die Zeit nicht.

Viele Arztpraxen und Spitäler verfügen ausserdem gar nicht mehr über Faxgeräte, wie BAG-Mitarbeitende berichten. So haben Ärztinnen klinische Befunde von Patientinnen an die E-Mail-Adresse info@bag.admin.ch verschickt, die eigentlich für allgemeine Bürgeranfragen vorgesehen ist. Ein Mitarbeiter ist allein schon damit beschäftigt, die Informationen dieser irrtümlich am falschen Ort gelandeten E-Mails in das Meldesystem zu übertragen.

Auch gehen ständig Aktualisierungen vergessen. Der Kanton Uri galt etwa bis zum letzten Wochenende laut BAG-Statistik immer noch als «Corona-freie» Zone. Dabei hat das Gesundheitsdepartement des Kantons Uri auf der Website bereits bis zu jenem Datum 2 Fälle[5] bestätigt. In einem anderen Fall wurden Korrekturen zu einer Patientin mitgeteilt, und der Mitarbeitende vergass, dies im Meldesystem nachzuführen.

4 Personen in der Abteilung Meldesysteme sind für die Datenerfassung da, 5 wiederum sind mit Datenverwaltung beschäftigt. «Alle laufen am Limit und sind chronisch überarbeitet», berichtet eine Mitarbeiterin. «Die Datenqualität leidet, und es verschleisst persönliche Ressourcen», sagt ein anderer Mitarbeiter.

BAG-Mediensprecher Daniel Dauwalder sagt auf Anfrage der Republik, dass «die manuelle Erfassungskapazität laufend ausgebaut» werde.

Die Statistiken sind unbrauchbar

Weil sich das Coronavirus in der Schweiz schon stark verbreitet hat, werden hierzulande nur noch Personen aus Risikogruppen auf Sars-CoV-2 getestet. Wie viele Menschen sich insgesamt infiziert haben, weiss deshalb niemand.

Doch das BAG hat selbst über die effektiv durchgeführten Tests nicht den gesamten Überblick. Ebenso wenig weiss das Amt Bescheid über den Verlauf bei den hospitalisierten und geheilten Patientinnen. Dabei sind diese Informationen durchaus im Netz vorhanden, etwa in den täglichen (ebenfalls im PDF-Format publizierten) Lagebulletins der Kantone.[6]

Weil die BAG-Statistik nicht mehr up to date gehalten werden kann, melden sich renommierte Epidemiologen absurderweise mittlerweile direkt beim Interaktiv-Team der Journalisten von Tamedia. Diese führen anhand von anderen Quellen tägliche Statistiken über den Epidemieverlauf.

Dass es auch anders geht, hat die Fachstelle Open Government Data des Kantons Zürich gezeigt. Sie stellt die Daten des Gesundheitsdepartements seit letztem Wochenende maschinenlesbar auf der Entwicklerplattform Github[7] zur Verfügung. Basel und Thurgau haben inzwischen nachgezogen. Seit gestern, 19. März, kann man die kantonalen Daten auch auf der interaktiven Visualisierung corona-data.ch[8] des Computerwissenschaftlers Daniel Probst aufrufen.

Dagegen hinkt das BAG mit seiner Statistik hinterher. Nicht mit Absicht, sondern weil der Informationsfluss klemmt: bei den Ärzten, die die klinischen Befunde nicht oder ungenügend melden; beim Papierstapel innerhalb des BAG, der noch nicht abgearbeitet wurde, oder bei fehlenden Fällen, die irgendwo via Faxkommunikation untergegangen sind.

Das hat bereits zu absurden Situationen geführt. Am Sonntag, dem 15. März, gab das BAG etwa einen riesigen Sprung von 800 Neuinfektionen bekannt. Dabei handelte es sich aber nicht um die Zahl der tatsächlich an diesem Tag bekannten Fälle, sondern um die Zahl der angekommenen Formulare. Für einen Teil dieser Formulare gab es aber noch keinen Datenbankeintrag.

Um hier trotzdem eine Zahl zu kommunizieren, wurde der Papierstapel schliesslich auf die Waage gelegt – und auf 460 Stück geschätzt, wie eine Quelle bestätigt.

Dieses Szenario wiederholt sich seither fast täglich, denn der unbearbeitete Formularstapel wächst. Vor kurzem wurden Mitarbeitende der Abteilung Meldesysteme von der BAG-Leitung rund um Daniel Koch angewiesen, die Meldekriterien[9] für die Spitäler noch einzuengen. Damit würden sogar noch weniger Covid-19-Fälle in der BAG-Statistik erfasst werden. Doch nach internem Widerstand kam die Leitung wieder von diesem Vorhaben ab.

Was kaum mehr ankommt beim BAG, sind die Meldungen über negative Testergebnisse. Zwar sind Labors angehalten, Statistiken zu führen[10] und diese tabellarisch und verschlüsselt täglich via E-Mail mitzuteilen. Gemäss internen Quellen führen die wenigsten Labors bei ihrem derzeitigen Auftragsvolumen aber eine solche Statistik. Einige Labors vermeiden

den Tabellenaufwand und schicken die Papierformulare jeder einzelnen Patientin direkt ans BAG. Der Papierstapel negativ getesteter Patienten wird aufgrund fehlender Kapazitäten beim Bundesamt dann ebenfalls mit einer Waage abgemessen.

Ob und wie Negativmeldungen durch das BAG überhaupt noch ausgewiesen werden, bleibt zum jetzigen Zeitpunkt unklar. Der Situationsbericht vom 19. März[11] listet nur noch die Positivbefunde auf. Ein akkurates Bild über die Pandemie wird angesichts dessen immer unmöglicher. Und damit fehlen relevante Zahlen als Grundlage für weitere politische Entscheidungen.

BAG-Mediensprecher Daniel Dauwalder wollte auf die Behauptung der fehlenden Negativmeldungen nicht eingehen: «Die Labors sind verpflichtet zu melden. Die aktuelle Dynamik der Ausbreitung von Covid-19 ist für alle Akteure im Gesundheitswesen eine Herausforderung.»

Experten kritisieren diese Intransparenz. «Dass wir im Jahr 2020 wegen veralteter Prozesse schon nach 10 Tagen die Kontrolle verloren und keine Übersicht mehr über die Anzahl Fälle haben, ist aus epidemiologischer Sicht eine Katastrophe», sagt Epidemiologe Salathé.

Keine automatisierten Updates

Ein Grundproblem ist: Das BAG-Meldewesen ist gar nicht im Hinblick auf ein Echtzeitmonitoring konzipiert, sondern in erster Linie auf Erstmeldungen ausgerichtet – also auf den positiven Testbefund bei Covid-19. «Solange der Patient nicht stirbt, braucht es keine zweite Meldung», sagt ein Mitarbeiter. BAG-Mediensprecher Dauwalder bestätigt das: «Nur Todesfälle sind meldepflichtig, eine ‹Heilung› untersteht nicht der Meldepflicht und wird lediglich abgeschätzt werden.»

Gemäss interner Quelle liegen in der BAG-Datenbank bei weniger als 30 Prozent der positiv getesteten Fälle genaue Gesundheitsinformationen über die Patientin vor. Diese Angaben wären aber obligatorisch und relevant: Ohne klinischen Befund werden die Schwere der Krankheit, der Status der erkrankten Personen, ihre Krankheitshistorie et cetera nicht dokumentiert.

Die BAG-Medienstelle wollte zu dieser Behauptung keine Stellung beziehen. Sprecher Daniel Dauwalder betont, dass nur die Labormeldungen relevant seien für die Entwicklung des epidemischen Verlaufs.

Auf der Website, welche die Meldeformulare zum Download anbietet[12], gibt es keine Vorgaben dafür, welche Ergänzungsmeldungen gemacht werden müssen. Dabei wären diese Informationen enorm wichtig, um den Behandlungserfolg zu evaluieren. Ein Mitarbeiter sagt: «Bei einer Pandemie sind akkurate Zahlen über die Wirkung von verfügten Massnahmen eine wichtige Entscheidungsgrundlage.» Zu wissen, wie viele Tage Patienten auf der Intensivstation verbracht haben und wer die Krankheit überwunden hat, hilft, retrospektiv ein genaueres Bild über die Gefährlichkeit des Erregers zu gewinnen.

Die BAG-Leitung scheut sich offenbar davor, diese Informationen einzufordern. Ob das mit der Überlastung des Meldesystems zusammenhängt, wollte das Bundesamt ebenfalls nicht beantworten. Eine Ergänzungsmeldung würde jedenfalls wiederum ein neues Formular, eine neue Übermittlung via Fax und einen neuen Papierstapel bedeuten.

Wie mehrere Quellen aus dem BAG bestätigen, wurden die Todesfälle in der offiziellen Statistik bis vor kurzem von der Online-Enzyklopädie Wikipedia entnommen. Dort tragen verschiedene Editoren die kantonalen Zahlen aufgrund der Medienmitteilungen, Lagebulletins und Presseartikel von Hand zusammen.

Eine unkomplizierte Alternative

Wie Experten und BAG-Mitarbeiterinnen übereinstimmend sagen, braucht es für die Zukunft ein neues System. Ein digitales, zentrales Meldesystem mit Zugriffsmöglichkeiten für alle Akteure wäre aus ihrer Sicht die beste Lösung.

Ein solches Tool könnte der Vorschlag von Marcel Waldvogel sein, Professor an der Universität Konstanz. Die Datenübermittlung soll nach physischen Objekten (Laborprobe) und QR-Codes ausgerichtet werden.

Jedes Probenröhrchen besitzt einen vorgedruckten, einzigartigen QR-Code, generiert durch ein Labor oder eine Ärztin. Der QR-Code ist eine URL für eine Web-App mit einer nicht erratbaren, eindeutigen Kennung für die Probe.

Der Ablauf sähe folgendermassen aus:

1. Die Arztpraxis scannt diesen Code mit einem beliebigen Smartphone, es ist keine Vorinstallation oder besondere Berechtigung notwendig.
2. In der darauf erscheinenden Web-App, die zum Beispiel von den Labors betrieben werden kann, fügt die Ärztin die Zusatzdaten zur Patientin automatisch hinzu.
3. Die Arztpraxis wird damit zur Eigentümerin und Verwalterin der Probe, da sie als Erste die Probe scannt.
4. Im Labor werden die Testresultate direkt mit dem QR-Code verknüpft, die Daten manuell dem Patientenkonto zugeordnet und via Push-Nachricht an die Praxis oder die Patientin geschickt.
5. Die Benachrichtigung an den Kantonsarzt und das BAG erfolgt automatisch mit einer Push-Benachrichtigung, auch sie verfügen mit dem Labor zusammen über Zugriff auf die Konten und hätten eine tabellarische Übersicht mit anonymisierten demografischen Daten über alle Tests.

Sein System würde einen weniger fehleranfälligen und schnelleren Prozess ermöglichen, sagt Marcel Waldvogel. Ausserdem wäre damit der Arbeitsaufwand für die Arztpraxen viel geringer. Zudem könnte die Übermittlung der Daten automatisch Ende-zu-Ende-verschlüsselt werden. Doch wie werden bei diesem objektbezogenen Prozess Updates zur Patientin – wie die klinische Befunde und Ergänzungsmeldungen – eingespeist? Waldvogel hält auch dies für machbar: «Grundsätzlich kann die Idee, dass der Zugang an ein physisches Objekt gekoppelt ist, auch zu einem Patientendossier erweitert werden.»

Ein digitales Update des Meldewesens ist auch ein dringender Wunsch der Mitarbeitenden. Die ad hoc am 11. März eingeführte Übergangslösung, das Meldesystem Sentinella, halten die meisten für ungeeignet. Weil lediglich Hausärzte bei Sentinella registriert sind, deren Konsultation im Fall des Coronavirus in einigen Kantonen untersagt ist (wenn die Expertinnen der Coronavirus-Hotline nicht dazu auffordern).

Die Digitalisierung der Meldeprozesse wird seit der Influenza-Pandemie aus dem Jahr 2009 – bekannter unter dem Begriff Schweinegrippe – diskutiert, aber immer wieder vertagt. Dabei schlug das Forschungsbüro Infras bereits 2012 in einer externen Evaluation vor, das BAG solle auf digitalisierte Meldungen[13] setzen. Laut diesem Gutachten wünschten sich damals schon die befragten Ärztinnen, auf elektronische Übermittlung umstellen zu können.

Dass es vorher nicht dazu kam, dafür wird auch der Leiter der Abteilung übertragbare Krankheiten beim BAG verantwortlich gemacht: Daniel Koch. «Er ist eine Persönlichkeit, die in Krisensituationen aufblüht und der man vertrauen kann», sagt ein Mitarbeiter. «Aber er hat die Digitalisierungsprozesse auf die lange Bank geschoben.»

Die verpasste Modernisierung: Sie rächt sich in der Corona-Pandemie.

Quellen

1   <https://www.bag.admin.ch/bag/de/home/krankheiten/infektionskrankhei-ten-bekaempfen/meldesysteme-infektionskrankheiten/meldepflichtige-ik/meldeformulare.html>

2   <https://www.admin.ch/opc/de/classified-compilation/20151622/>

3   <https://it-beschaffung.ch/?l=off&id=1080223>

4   <https://www.sipcall.ch/de/lp/fax-loesungen/#anchor_8785aad2_Accor-dion-Was-muss-ich-im-Umgang-mit-FoIP-beachten->

5   <https://www.ur.ch/mmdirektionen/63458>

6   <https://www.ag.ch/media/kanton_aargau/themen_1/coronavirus_1/lage-bulletins/200318_KFS_Coronavirus_Lagebulletin_14.pdf>

7   <https://github.com/openZH/covid_19>

8   <https://www.corona-data.ch/>

9   <https://www.bag.admin.ch/bag/de/home/krankheiten/infektionskrankhei-ten-bekaempfen/meldesysteme-infektionskrankheiten/meldepflichtige-ik/meldeformulare.html>

10 <https://www.bag.admin.ch/bag/de/home/krankheiten/infektionskrankhei-ten-bekaempfen/meldesysteme-infektionskrankheiten/meldepflichtige-ik/meldeformulare.html>

11 <https://www.bag.admin.ch/dam/bag/de/dokumente/mt/k-und-i/aktuelle-ausbrueche-pandemien/2019-nCoV/covid-19-lagebericht.pdf.download.pdf/COVID-19_Epidemiologische_Lage_Schweiz.pdf>

12 <https://www.bag.admin.ch/bag/de/home/krankheiten/infektionskrankhei-ten-bekaempfen/meldesysteme-infektionskrankheiten/meldepflichtige-ik/meldeformulare.html>

13 <https://syneval.ch/database/pdf/VonStokar_et_al_2012_MeldesysCH.pdf>

Die pragmatischen Puristen

Wie ein europäisches Team aus der Schweiz in den digitalen Kampf gegen die Pandemie zog und die grösste Datensammelmaschine aller Zeiten verhinderte.

Erschienen als optische Version mit Fotografien[1] in der Republik, 26. Juni 2020

Kaum etwas ist so klar in dieser Krise wie die Art und Weise, wie sie enden wird. Es gibt drei Möglichkeiten.

Erstens: Das Virus zirkuliert so lange, bis genug Menschen entweder immun oder tot sind. Niemand kann das ernsthaft wollen. Zweitens: Eine Impfung oder ein Medikament nimmt dem Virus den Schrecken. Niemand kann wissen, wann und ob Impfstoff und Medikament gefunden werden. Oder drittens: Wir werden so gut darin, das Virus zu entdecken und einzudämmen, dass es zu keinen grossen Ausbrüchen mehr kommen kann. Entscheidend dabei ist, dass wir möglichst gut nachverfolgen können, mit wem eine Infizierte alles in Kontakt war – das sogenannte Contact-Tracing.

Bei der Impfung liefern sich die Grossmächte ein Wettrennen. China und die USA, die EU und Indien – sie pumpen Milliarden in Forschung und Produktion und rangeln jetzt schon um die ersten Impfdosen, von denen noch niemand weiss, ob sie überhaupt wirken.

Bei der dritten Option hingegen, der Eindämmung, da setzt die kleine Schweiz weltweit den Standard: Es waren Schweizer Wissenschaftler, die eine Contact-Tracing-App mit helvetischen Tugenden[2] entwickelten – und damit einen echten Schweizer Qualitätsexport erschufen.

Zumindest wurde es in den Medien in den letzten Wochen oft genauso dargestellt. Die Realität ist einiges komplizierter.

Kompliziert ist auch das Akronym des Forschungsteams, das die technische Grundlage für das digitale Contact-Tracing entwickelt: DP3T. Das steht für: *Decentralised Privacy-Preserving Proximity Tracing*. Seine Arbeit mündete direkt in die Software-Schnittstellen von Apple und Google, die inzwischen in Millionen von Smartphones implementiert sind. Zum Beispiel in Form der Swiss-Covid-App, die seit gestern offiziell für alle verfügbar ist. Sie wurde bereits 150'000-mal heruntergeladen[3].

Die Zentren der DP3T-Gruppe befinden sich tatsächlich in der Schweiz. Genauer: in Lausanne und Zürich, an der EPFL und der ETH. Doch hier endet die Swissness auch schon. Und die DP3T-Forscherinnen selber sind vom Schweiz-Label befremdet.

Vor dem Start der Swiss-Covid-App haben wir viele der wichtigsten DP3T-Forscher getroffen. Und auch jene, die sie kritisieren. Denn das Team hat im Kampf für eine schnelle digitale Eindämmung des Virus sehr rasch eine Reihe hochinteressanter Entscheide getroffen.

Auch solche, die sich noch rächen könnten.

Die Gruppe, die es schaffte, den weltweiten Standard für eine datenschutzkonforme Contact-Tracing-Lösung zu prägen, ist ein bunt zusammengewürfeltes Team von Expats und Forscherinnen aus beteiligten Universitäten wie der KU Leuven in Belgien oder Oxford. Ein Netzwerk von Macherinnen und Forschenden, die aus Liechtenstein, Grossbritannien, Spanien, den Niederlanden und anderswo aus Europa kommen.

Was diese Gruppe Menschen einte, war die Mission: Zu verhindern, dass mit dem digitalen Contact-Tracing die grösste Überwachungsdatenbank aller Zeiten gebaut würde. Dazu war eine grosse Portion Pragmatismus nötig.

Und daran stören sich nun einige.

DP3T ist in den vergangenen Wochen immer stärkeren Anfeindungen aus der Wissenschafts-Community ausgesetzt gewesen. Der Vorwurf: Die Gruppe würde die absolute Wahrheit für sich beanspruchen und «aggressives Marketing» betreiben. Ausserdem enthalte das Konzept Schwächen, die dazu führen könnten, dass infizierte Personen mit Apps auf dessen Basis nicht anonym bleiben würden.

Die Auseinandersetzungen zwischen der DP3T-Gruppe und anderen Forscherinnen dreht sich im Kern um eine alte Frage. Eine Frage, die in der Wissenschaft immer wieder von Neuem aufkommt, wenn es um Privatsphäre und Sicherheit geht.

Was ist wichtiger: ein funktionierendes, aber auch angreifbares System – oder das wissenschaftlich perfekte Modell?

Bei einer Impfung kann Pragmatismus tödlich enden. Was zum Beispiel, wenn die klinischen Sicherheitsstudien so stark abgekürzt werden, dass eine schwere Nebenwirkung erst nach der Zulassung entdeckt wird? Das Vertrauen wäre dahin – und es wäre gut möglich, dass sich viele Menschen dauerhaft gegen eine Impfung wehren würden.

Und beim digitalen Contact-Tracing? Mit einer App, die allein in der Schweiz Millionen von Menschen auf ihr Handy laden müssen, damit sie wirksam ist? Wie sicher muss sie sein? Was wären potenzielle Nebenwirkungen? Und sind diese verkraftbar?

Die Massenüberwachung verhindern

In einem Café in der Nähe des ETH-Hauptgebäudes treffen wir Kryptografie-Professor Kenneth Paterson. Wegen des Strassenbaulärms verlagern wir das Gespräch nach drinnen, zu den weit auseinandergeschobenen Tischen, auf denen Desinfektionsmittel steht. Auf einer Liste können die Gäste für das Offline-Contact-Tracing freiwillig Name und Telefonnummer hinterlassen.

Die Liste ist leer.

Paterson erinnert sich, wie er Mitte März einen Anruf des ETH-Vize-präsidenten Lothar Thiele erhielt. Ob er Lust habe, die Contact-Tracing-App für die Schweiz zu entwickeln. Für den Briten, der seit April 2019 an der ETH Zürich arbeitet, war der Fall klar: «Ich musste das nicht tun, aber ich wollte. Wir sind von der Schweiz finanziert und können damit auch etwas Gutes leisten. Eine solche Tracing-Technologie könnte eine Gold-grube für Geheimdienste werden. Das galt es zu verhindern.»

226 Kilometer weiter westwärts, in Lausanne, fand zu diesem Zeitpunkt ein ähnlicher Gedankenaustausch zwischen dem EPFL-Vizepräsidenten Edouard Bugnion und der IT-Assistenzprofessorin Carmela Troncoso statt, sie leitet das «Security and Privacy Engineering Lab».

Mit Sorge blicken die beiden Akademiker nach Asien: In Singapur war zum Beispiel über lange Zeit ein Tool im Internet[4] aufgeschaltet, wo der Standort von Infizierten in Echtzeit beobachtet werden konnte. Betrof-fene waren dabei nur schwach anonymisiert, bei jedem Eintrag sah man Alter, Beruf und Infektionshistorie. Diese Standortdaten stammten zwar nicht von der dort eingesetzten App «WeTrace», die «nur» Begegnungen protokollierte. Doch sobald die App einen möglichen Infekt meldete, grif-fen Contact-Tracing-Detektive auf Kreditkartendaten, Überwachungs-kameras und GPS-Daten der Smartphones zu. Und konnten alle Bewe-gungen und Kontaktpersonen lückenlos nachzeichnen.

Ein weiteres dystopisches Beispiel lieferte Israel[5], wo anhand von Handy-daten die Verordnung und Einhaltung der Quarantäne kontrolliert wurde. Dabei wertete der Inlandgeheimdienst die GPS-Daten, Social-Media-Ein-träge und etwa 14 Sensoren der Smartphones von Infizierten aus, so etwa Bewegung, Beschleunigung oder die Lichtverhältnisse. Wenn Personen Infizierten «zu nah» kamen, erhielten sie automatisch eine SMS mit der Aufforderung, sich ebenfalls in Quarantäne zu begeben.

Der Kern der Gruppe, die bald zu DP3T werden sollte, findet sich schnell.

Paterson, Troncoso und Bugnion tauschen sich aus, alte Netzwerke wer-den aktiviert. Bekannte und Kolleginnen aus der niederländischen

TU Delft, der KU Leuven, der Oxford-Universität und weiteren Universitäten schliessen sich der Gruppe an. Man kennt sich aus etlichen Forschungskollaborationen und von Konferenzen. 34 Forschende verzeichnet die Liste, die EPFL-Vize Edouard «Ed» Bugnion der Reporterin in die Hand drückt. Und alle Personen, mit denen die Republik für diesen Beitrag gesprochen hat, betonen: Dieses Netzwerk ist europäisch, international.

Ein Kernprinzip war für die Mitglieder von Anfang an klar: Die sensiblen persönlichen Daten müssen auf den Endgeräten bleiben. Sie dürfen auf keinen Fall zentral auf einem Server gesammelt werden.

Nur so kann das Schlimmste verhindert werden: Rundum-Überwachung im Stil von Singapur – oder Israel.

«Privatsphäre ist Voraussetzung für eine intakte Demokratie», sagt Carmela Troncoso. DP3T trägt ihre Handschrift, wie praktisch alle Mitglieder einhellig betonen. Die 37-jährige Assistenzprofessorin forscht zu «privatsphärefördernden Technologien». In verschiedenen Auftritten wie etwa am WEF 2019[6] weist sie auf aggressive Algorithmen hin, die alle möglichen Daten verwurschten, die sie finden. Das Problem in ihren Augen: «Unschuldige» Ansammlungen von Daten, bei denen heute noch nicht klar ist, wofür sie dereinst zu gebrauchen sind. Und die dann für solche Algorithmen zur Goldgrube werden.

«Wenn Daten einfach mal pro forma auf Vorrat gesammelt werden, auch ohne konkrete Verwendung, dann wird das gemacht», sagt Carmela Troncoso.

Ein paar Wochen lang sah es danach aus, als würde genau das mit den Covid-Apps in Europa passieren.

Ich will es genauer wissen: So funktioniert die Schweizer App

Die Swiss-Covid-App ist eine Anwendung, die auf Android und iOS heruntergeladen werden kann. Damit sie funktioniert, muss Bluetooth aktiviert werden. Nach der Installation sendet das Smartphone über Bluetooth verschlüsselte IDs aus, sogenannte Prüfsummen oder auch pseudonymisierte Identitäten. Wenn sich ein anderes Smartphone, auf dem die Swiss-Covid-App ebenfalls installiert ist, für insgesamt mehr als 15 Minuten in weniger als 2 Metern Abstand befindet, tauschen die Geräte ihre Prüfsummen aus. So entsteht eine lokale Liste mit Prüfsummen, die nur auf den jeweiligen Smartphones abgespeichert wird. Wenn ein Swiss-Covid-App-Benutzer positiv auf das Coronavirus getestet wird, erhält er vom kantonsärztlichen Dienst einen sogenannten Covid-Code. Erst nach dieser Aktivierung werden die gesammelten Prüfsummen auf den zentralen Server geschickt und die anderen App-Benutzer benachrichtigt. Wer mit der positiv getesteten Person nahe in Kontakt war, wird durch die Swiss-Covid-App informiert. (Eine ausführliche Erklärung lesen Sie in diesem Beitrag.[7])

Die meisten Staaten wollten erst sammeln wie wild

Ob Frankreichs Digitalminister Cédric O[8], Deutschlands Digitalberater der Bundesregierung Hans-Christian Boos[9] oder in Grossbritannien Vertreter des berühmten NHS-Gesundheitssystems[10]: In den meisten EU-Staaten hatten die Behörden genaue Vorstellungen, wie sie digitale Kontaktverfolgung betreiben wollen.

Um Begegnungen zwischen Infizierten und ihren Kontaktpersonen nachzuvollziehen, brauchte es ihrer Ansicht nach: Daten in rauen Mengen. Nur damit könne man Infektionsketten, Verläufe und Muster rekonstruieren.

Und: Alles sollte zentral gesammelt und ausgewertet werden.

Der Datenhunger der Schweizer Bundesbehörden dagegen war – gleich null. Das Bundesamt für Gesundheit stellte keinerlei Ansprüche. Sang-Il

Kim, der Leiter Digitale Transformation beim BAG, schreibt auf Anfrage der Republik: «Ich kann ihnen nur mitteilen, dass das BAG niemals über eine zentrale Tracing-App-Lösung nachgedacht hat.»

Ein Insider aus der Strategie-Arbeitsgruppe sagt: Man habe genommen, was kam – einfach, um etwas zu haben. Aber nicht alle eidgenössischen Institutionen agierten so passiv. Massgeblich die Nationale Ethikkommission[11] und der Eidgenössische Datenschutzbeauftragte[12] machten sich für Privatsphäre stark. Sie prüften das DP3T-Konzept – und gaben grünes Licht für eine Schweizer Tracing-App auf dieser Basis.

Eine gute Ausgangslage, um nicht nur in der Schweiz zu verhindern, dass die Contact-Tracing-App zur Überwachung der Massen führt.

Einflüsterer im Silicon Valley

Die Ambitionen von DP3T waren nie auf die Schweiz beschränkt: Das Konzept sollte weltweiter Standard werden. Und dafür brauchte es die richtigen Voreinstellungen in den Smartphone-Betriebssystemen, die Forscher waren also auf die Mithilfe von Apple und Google angewiesen. Denn das Rückgrat von DP3T ist die Bluetooth-Technologie. Und die war nicht dafür entwickelt worden, Distanzmessungen vorzunehmen und im permanenten Betrieb zu funktionieren, wie es für digitales Contact-Tracing nötig ist.

Ich will es genauer wissen: Kann Bluetooth-Tracing funktionieren?

Es gibt Kritiker, die ganz grundsätzlich infrage stellen, ob das Tracing via Bluetooth funktionieren kann. Tatsächlich sind Bluetooth-Signalstärken hochgradig volatil und ungenau, weswegen IT-Experten wie Bruce Schneier diese Apps zum Scheitern verurteilen[13]. Mathias Payer, Security-Mastermind der DP3T-Gruppe, berät bei diesen Fragen Google- und Apple-Ingenieure. Er gibt sich zuversichtlich: «Wir brauchen nicht die technisch genaue Distanz zwischen zwei Personen zu wissen. Wir brauchen nur so viel Informationen, um die epidemiologische Frage beantworten zu können: Ist das ein relevanter Kontakt oder nicht? Dafür haben wir alle Parameter.» Für ihn ist die stetige Kalibrierung *work in progress*. Es gebe kein Schwarz-Weiss.

Der Trumpf für DP3T: Sie waren die Ersten. Die Forschungsgruppe veröffentlichte ihr Protokoll bereits früh auf der Plattform Github, schon Anfang April. Und: Sie hatten dank EPFL-Vizepräsident Bugnions langjährigem Aufenthalt in Stanford (und auch sonst einem ausgezeichneten Kontaktnetzwerk) manch einen direkten Draht ins Silicon Valley.

Der Durchbruch für die DP3T-Forscherinnen kam am 10. April, als sie eine historische Partnerschaft[14] zwischen Google und Apple einfädeln konnten. Die beiden Tech-Konzerne verpflichteten sich auf eine Schnittstelle im Betriebssystem, die nur ein dezentrales Modell zulässt. Und mit der keine Daten zur Lokalisierung von Personen erhoben werden können.

Der hochrangige Google-Kader Dave Burke sagte dazu zwei Wochen später auf einem Panel[15]: «Als wir [...] uns verschiedene Herangehensweisen angeschaut haben, haben uns die DP3T-Gruppe und ihr Ansatz sehr inspiriert. Und das haben wir dann übernommen.»

Tatsächlich waren Google und Apple nicht nur «inspiriert» von DP3T. Die Wissenschaftlerinnen werden quasi zu den Beratern und Einflüsterern des Silicon Valley. Viele der konzeptionellen Eigenheiten von DP3T werden 1:1 übernommen, etwa die Idee, dass die ausgetauschten pseudonymisierten Identitäten auf den Smartphones alle 15 Minuten[16] wieder änderten.

Neben dem engen Austausch mit den Ingenieuren von Google und Apple verfolgte die DP3T-Gruppe noch ein anderes Ziel: das zentralisierte Modell als Option europäischer Politikerinnen zum Verschwinden zu bringen.

Marcel Salathé, EPFL-Epidemiologe und ebenfalls DP3T-Mitglied, sorgte dafür, dass sich die Gruppe der paneuropäischen sogenannten PEPP-PT-Forschungsgemeinschaft von Unternehmen und 130 Wissenschaftlerinnen[17] anschloss. Dieses Konsortium hätte eigentlich den europäischen Standard für eine Tracing-App etablieren sollen. Doch es sollte sich bald als Farce herausstellen.

Denn der PEPP-PT-Koordinator, der deutsche Unternehmer und Regierungsberater Hans-Christian Boos, liess DP3T Mitte April stillschweigend und ohne Vorwarnung von der Website des Konsortiums entfernen. (Mehr zu den Streitigkeiten und dem PEPP-PT-Fiasko lesen Sie in diesem Beitrag.[18])

Die DP3T-Forscher waren entsetzt. «PEPP-PT war im Grunde gar nie europäisch, sondern einfach ein Projekt für deutsche Unternehmer mit dem Fraunhofer IT-Institut», sagt ETH-Forscher Paterson. Das Gebaren des PEPP-Koordinators Hans-Christian Boos sei für sie als Akademiker untragbar geworden, sei zur Hypothek für ihre akademische Reputation geworden.

Denn das Konsortium plante genau die Art von Dystopie, wovor die DP3T-Forscher warnten: eine zentrale Datenbank, aus der sich später möglicherweise KI-Algorithmen bedienen und Geschäftsmodelle speisen können.

Marcel Salathé, der PEPP-PT sogar mitgegründet hatte, stieg nach der Episode um die gesäuberte Website ganz aus dem Konsortium aus. Kurz danach reichte auch Kenneth Paterson stellvertretend für die ETH Zürich das Austrittsschreiben ein. Weitere Institutionen folgten, darunter die belgische KU Leuven, deren Forschende ebenfalls bei DP3T mitwirkten.

Virtuell kam es zu einem regelrechten Schlagabtausch zwischen PEPP-PT, das zwischenzeitlich nur noch aus deutschen und französischen Firmen und wenigen Forschenden bestand, und DP3T. Publizierte das Konsortium neue Richtlinien für einen möglichen europäischen Standard, folgte innert kurzer Zeit eine Analyse der DP3T-Gruppe. Meist fiel sie vernichtend aus, begleitet von Twitter-Salven von Michael Veale, Digitaljurist am University College London und ebenfalls DP3T-Mitglied, ETH-Forscher Paterson und EPFL-Kollege Salathé. «Function Creep»[19] (wenn der vorgeschlagene Standard einen schleichenden Überwachungsausbau möglich machen würde) oder «Trojanisches Pferd»[20] waren ihre pfeffrigsten Schlagworte.

Für Aussenstehende wirkte die ganze Episode ziemlich verstörend. Nicht nur wegen der Querelen. Sondern auch, weil die übliche Erzählung von David gegen Goliath – die gute EU versus das gierige Silicon Valley – plötzlich nicht mehr funktionierte. Sie verkehrte sich ins Gegenteil.

Die Dezentralisten setzen sich fast überall durch

Normalerweise binden die EU-Behörden die Datensammelwut der Tech-Konzerne zurück. Berühmtestes Beispiel ist sicher die Datenschutzgrundverordnung, die DSGVO, die nun seit zwei Jahren in Kraft ist. In der Pandemie pochten nun die beiden EU-Staaten mit den strengsten Datenschutzgesetzen – Deutschland und Frankreich – plötzlich auf maximale Datenausbeute. Und die Konzerne Apple und Google sowie ein grosser Teil der akademischen Welt setzten auf Datensparsamkeit und orientierten sich dabei an der DSGVO.

In dieser Zeit blühte die DP3T-Gruppe zur Höchstform auf, ihre Vorarbeiten zahlten sich nun aus. Doch sie waren auch intensiv, anstrengend und aufregend. «Es wäre gelogen, wenn wir sagen würden, dass uns dieses Projekt nicht auch persönlich viel gekostet hat. Bei vielen von uns hat es wirklich jeden wachen Atemzug in Anspruch genommen», sagt Jurist Michael Veale. Die Gruppe opferte viel Freizeit für ihre Analysen und Stellungnahmen, beantwortete sämtliche Fragen auf Twitter, Github oder dem Messengerdienst Signal und erhielt international viel Lob.

In der zweiten Aprilhälfte ging die DP3T-Gruppe einen weiteren Schritt in die Offensive und betrieb offen politisches Lobbying. Am Montag, 20. April, veröffentlichten 300 Wissenschaftlerinnen weltweit einen von der Gruppe angestossenen offenen Brief.[21] Er forderte von den politischen Entscheidungsträgerinnen, nur eine dezentrale Contact-Tracing-App zu implementieren. Immer mehr Länder schwenkten in der Folge bei der App-Entwicklung auf dezentrale Modelle um, so auch Deutschland und Österreich. Estland und Finnland verkündeten offiziell, mit dem DP3T-Protokoll zu arbeiten. Das PEPP-PT-Konsortium war erledigt.

Doch dass Google und Apple die DNA von DP3T mit allen Grundsätzen übernahmen, gefiel nicht allen. Und es rief auch viel Neid hervor. Hier beginnt der Konflikt, der bis heute anhält: der Binnenkonflikt der «Dezentralisten», zwischen den Verfechtern einer kompletten Anonymisierung und den DP3T-Forschenden.

Oder auch: zwischen den Perfektionisten und den Pragmatikern.

Kritik am DP3T-Konzept wird lauter

Der offene Brief der Akademikerinnen vom 20. April hätte eigentlich ein klares Bekenntnis zur Absage an das zentrale Modell sein sollen. Doch einige der unterzeichnenden Forscherinnen kritisierten hinter vorgehaltener Hand, dass die Gruppe diese Unterschriftensammlung für ihre Zwecke missbraucht hätte – als reine Werbeaktion für DP3T.

Erste Vorwürfe wurden laut. Von Forschenden, die sich noch mehr Anonymität und Sicherheit für die Schnittstelle von Google und Apple gewünscht hätten.

Die Debatte wurde schroffer. Und: Immer mehr wurde aneinander vorbeigeredet.[22]

Etwa beim Thema Sicherheit: Vielen Forschenden geht die Verschlüsselung von DP3T nicht weit genug. Wenn man wolle, könne man als Angreiferin die Identität einer Infizierten beim DP3T-Modell ohne weiteres entlarven. So formulierte es eine Forschergruppe der Universität im italienischen Salerno in ihrer Analyse[23]: «Auf der Grundlage neuerer Literatur und neuer Erkenntnisse erörtern wir, wie eine Regierung den Einsatz von DP3T nutzen kann, um im Rahmen eines Massenüberwachungsprogramms erfolgreich Angriffe auf die Privatsphäre durchzuführen.»

DP3T öffne Tür und Tor für Paparazzi-Angriffe, sagt der italienische Informatikprofessor und Mitautor Ivan Visconti. Es handelt sich um altbekannte Schwachstellen der Bluetooth-Technologie.

Der Kern des Problems: Alles, was miteinander via Bluetooth kommunizieren kann, kommuniziert miteinander.

Ein extrem verknapptes Beispiel: Eine Angreiferin könnte mehrere Geräte aufstellen, welche die Informationen der Swiss-Covid-App aufzeichnen. Mithilfe von Kameras, weiteren Smartphones und den (anonymisierten) Daten vom Bundesamt für Gesundheit könnte so theoretisch die Identität eines Infizierten rückverfolgt werden. Das wäre relativ aufwendig, aber eben möglich.

Ich will es genauer wissen: Wie würde so eine Attacke funktionieren?

Versendete Funkmeldungen werden grundsätzlich von allen Geräten empfangen. Das bedeutet also, dass Nutzerinnen der Swiss-Covid-App ihre pseudonymisierten Identitäten nicht nur untereinander versenden, sondern quasi «planlos» an alle Bluetooth-Empfängerinnen verschicken, zum Beispiel an die Trägerin eines Bluetooth-Kopfhörers. Das allein wäre an und für sich nicht problematisch. Heikler sind sogenannte passive Bluetooth-Geräte – auch Beacon-Antennen genannt –, die selber keine Signale senden und «still» aufnehmen. Sie sind leicht zu beschaffen und günstig. Es reicht natürlich auch ein Smartphone mit Kamera- und eingeschalteter Bluetooth-Funktion.

Stellen wir uns also vor, eine böswillige Person A platziert viele Bluetooth-Geräte – oder eben präparierte Smartphones – mit Kamerafunktion an verschiedenen neuralgischen Punkten (z.B. beim Hauptbahnhof in Bern, beim Central in Zürich). Diese Geräte speichern den ganzen Tag alle pseudonymisierten Identitäten und Begegnungsdaten von vorbeilaufenden Passanten, die Bluetooth aktiviert haben. Auch die verschlüsselte Identität von Swiss-Covid-App-Nutzer B. Nun lädt die böse Person A vom öffentlichen Server des BAG den Schlüssel der infizierten Person B herunter. Mit einem Abgleich der pseudonymisierten Identitäten und den Antennen- oder Smartphone-Aufzeichnungen von Bahnhof Bern oder Central Zürich kann Person A schnell rekonstruieren, ob Person B an jenen Orten vorbeigelaufen ist. Gibt es Bilderaufnahmen dazu, wird die Person schnell geoutet, ohne dass man deren exakten Namen zu wissen braucht.

Die italienische Forschergruppe ist nicht die einzige, die vor solchen Attacken warnt. Der Kryptograf Serge Vaudenay, der ebenfalls an der EPFL arbeitet, wies mehrfach auf die Gefahren hin und beteiligte sich am Public Security-Test des Bundes[24].

Doch was wären die Alternativen?

Weg vom «Broadcasting»-Prinzip hin zur gezielten Bluetooth-Verschlüsselung, wie dies eine Forschergruppe der Universität Zürich bereits vorgeschlagen hat in ihrem Konzept namens «WeTrace»[25]. Diese setzt auf die bekannte Public-Kryptografie mit privaten und öffentlichen Schlüsseln. «Anstatt dass wir alle den ganzen Tag Pseudonyme in alle Richtungen versenden und die Schlüssel auf einen Server senden, schicken wir uns gegenseitig geschnürte Pakete.» Nur die App-Nutzerinnen können damit etwas anfangen, die Aussenstehenden nicht, sagt ein Mitautor des Konzepts, Alessandro De Carli.

De Carli suchte den Austausch mit den Forschenden der EPFL und der ETH für eine allfällige Mitarbeit und Verbesserung des Konzepts. Es war eine frustrierende Erfahrung, wie er sagt. Zwar würde man die offene Debatte betonen, aber an einer echten Auseinandersetzung und dem Hinterfragen des DP3T-Designs sei niemand interessiert. Er kam zum Schluss: Die DP3T-Forschergruppe war nicht wirklich empfänglich für einen Austausch neuer Ideen.

Ein anderes und viel diskutiertes Problem des DP3T-Konzepts sind die sogenannten «Replay»-Attacken.

Soll heissen: Wer will, kann aus Spass das System trollen und Begegnungen mit Infizierten vortäuschen. Troll A spaziert in Basel herum, zeichnet mit einer spezifischen App alle pseudonymisierten Identitäten seiner Umgebung auf – und übermittelt diese an seinen Komplizen B in Genf. B wiederum sendet diese, möglicherweise sogar an mehreren Standorten, in die ganze Schweiz hinaus. Unschuldige Passanten mit installierter App zeichnen so Prüfsummen auf von Personen in Basel, denen sie gar nie begegnet sind. Stellt sich eine der Begegnungen in Basel als infiziert heraus, erhalten Tausende von Kontaktpersonen eine Benachrichtigung. Dieser Angriff würde massenweise «False Positives», also Falschalarme, kreieren, schreiben der italienische Forscher Ivan Visconti und der Lausanner Kryptograf Serge Vaudenay in ihren Papers.

Contact-Tracing ist das neue Blockchain

Und wie reagieren die DP3T-Forscherinnen auf die teils harschen Vorwürfe?

Teils mit genervtem Augenrollen, teils mit Schulterzucken, aber auch mit Einsicht. In der Tat handelt es sich um altbekannte Schwachstellen, um sogenannte «Bluetoothsphäre-Verschmutzungen». Man habe sich immer wieder mit der richtige Balance zwischen Hacking-Prävention und maximaler Privatsphäre beschäftigt und unterschiedliche Versionen durchgedacht, sagt der Digitaljurist Michael Veale. Und mit DP3T einen Kompromiss gefunden.

Auf die Kritik von Vaudenay, Visconti und De Carli haben alle dieselbe Antwort parat:

«We need to keep it simple.» Alles einfach halten.

Viele der skizzierten Hacking-Szenarien seien relativ unrealistisch, sagt IT-Assistenzprofessorin Carmela Troncoso. Sie würden viel kriminelle Energie und Aufwand voraussetzen und müssten sich innerhalb kurzer Zeitfenster ereignen. Man könnte natürlich zusätzliche Verschlüsselungsschichten einbauen. Aber das würde auf Kosten der Zeit und des Batterieverbrauchs gehen, argumentieren die DP3T-Forschenden in einer E-Mail an Alessandro De Carli. Und jede zusätzliche Komplexitätsebene, die man drauflege, würde neue Unberechenbarkeiten mit sich bringen, sagt Troncoso. Eine Studie der TU Darmstadt bestätigt diese Meinung[26]: Gerade wenn man solche Replay-Manipulationen mit Erhebung von Zusatzinformationen vermeiden will, geht das entweder auf Kosten der Privatsphäre oder der Smartphone-Batterie.

Der Tenor im DP3T-Team: Für aufwendigere und ausgeklügeltere App-Modelle fehlt uns die Zeit. Dem Virus sind die besten wissenschaftlichen Security-Modelle egal. Zwischen Praktikabilität und akademischer Perfektion, zwischen Machbarkeit und Dogmen entschied sich die Gruppe von Anfang an für Ersteres. Und hier zeigt sich neben der proaktiven Kommunikation eine weitere Stärke der Gruppe: Pragmatismus.

Etwa, wenn die Privacy-Advokatin Carmela Troncoso erklärt, warum das BAG für die Verteilung der Schlüssel von Infizierten auf einen umstrittenen Tech-Riesen wie Amazon zurückgreifen muss.

Oder wenn Epidemiologen wie Marcel Salathé unkonventionellerweise für Datensparsamkeit lobbyieren und dezentrale Modelle vehement verteidigen. Seine Zunft möchte vor allem viele Daten erheben, um die Infektionskette genau aufzuspüren und Prognosen zu modellieren. So waren es auch Epidemiologinnen in Frankreich, Deutschland und England, die das zentralisierte Server-Modell durchsetzen wollten. «Meine Debatten mit manchen Kollegen wurden dadurch nicht einfacher», sagt Salathé heute augenzwinkernd.

«Wir können wunderschöne Papiere schreiben, in denen etwaige Angriffsszenarien ausgeschlossen werden. Aber dann hätten wir bis heute keine App», sagt Troncoso. Die Forschenden haben bei DP3T nicht in erster Linie an eine wissenschaftliche Publikation gedacht.

Und der 39-jährige Liechtensteiner Mathias Payer, Security-Mastermind der DP3T-Gruppe, ergänzt: «Das ist nicht *rocket science.*» Über eine stärkere Verschlüsselung habe man nachgedacht. Das wäre vor allem akademisch interessant, könne wegen der zunehmenden Komplexität aber nie technisch umgesetzt werden. «Unser System ist langweilig. Wir setzen auf etablierte Mechanismen. Dafür funktioniert es.»

Als Laie ist es schwierig zu beurteilen, wer recht hat. Der Realitätscheck ist seit gestern im Gang, dem offiziellen Launchdatum der Swiss-Covid-App. Dann lassen sich sämtliche Thesen der Kritiker falsifizieren oder verifizieren.

Die potenziellen Angriffsszenarien klingen in der Tat gar abenteuerlich. Ausserdem funktionieren sie nicht, wenn sich zu viele Smartphone-Nutzer an einem Ort aufhalten, denn die Zuordnung via Bezahlterminals und Kamera würde durch den vielen digitalen «Lärm» schwierig werden. Das Nationale Zentrum für Cybersicherheit hat die DP3T-Schwachstellen der «gefälschten Begegnungen» mit Infizierten offiziell eingeräumt, schreibt aber, dass solche Angriffe nach dem Schweizerischen Strafgesetzbuch illegal[27] seien, und hält die Risiken «für vertretbar».

Doch vielleicht genügt auch nur ein publik gewordener Vorfall, eine übersehene Nebenwirkung, um Misstrauen in die Swiss-Covid-App zu säen.

Fakt ist: Das Thema Contact-Tracing wird die Wissenschaftlerinnen auch nach der Pandemie noch eine Weile beschäftigen. In der akademischen Welt avancierte es bereits zum Hype-Thema. «Contact-Tracing ist das neue Blockchain», witzelt Troncoso. In fünf Jahren könnten Forscher beurteilen, welches Modell aus wissenschaftlicher Sicht das beste gewesen sei.

Zuerst gilt es, das Virus zu besiegen.

Quellen

1   <https://www.republik.ch/2020/06/26/die-pragmatischen-puristen>

2   <https://www.tagesanzeiger.ch/wie-die-schweizer-corona-app-zum-weltstandard-wurde-748550512463>

3   <https://www.tagesanzeiger.ch/150000-downloads-kritische-punkte-und-gute-noten-998691053589>

4   <https://www.geospatialworld.net/dashboards/singapore-dashboard/>

5   <https://www.sueddeutsche.de/digital/coronavirus-tracking-smartphone-app-ueberwachung-1.4869845>

6   <https://youtu.be/cafuTxAfUX0>

7   <https://www.republik.ch/2020/04/16/so-funktioniert-eine-corona-tracing-app-die-ihre-privatsphaere-schuetzt>

8   <https://techcrunch.com/2020/05/27/french-contact-tracing-app-stopcovid-passes-first-vote/>

9   <https://www.zeit.de/digital/datenschutz/2020-04/corona-app-it-unternehmen-hans-christian-boos/komplettansicht>

10   <https://www.cnbc.com/2020/05/05/britains-nhs-shuns-apple-and-google-as-it-rolls-out-coronavirus-contact-tracing-app.html>

11   <https://www.nek-cne.admin.ch/inhalte/Themen/Stellungnahmen/NEK-stellungnahme-Contact_Tracing.pdf>

12   <https://cdn.republik.space/s3/republik-assets/assets/can/Stellungnahme_Datenschutz_Swiss_Tracing_System.pdf>

13   <https://www.schneier.com/blog/archives/2020/05/me_on_covad-19_.html>

14   <https://www.apple.com/newsroom/2020/04/apple-and-google-partner-on-covid-19-contact-tracing-technology/>

15   <https://techcrunch.com/2020/04/24/apple-and-google-update-joint-coronavirus-tracing-tech-to-improve-user-privacy-and-developer-flexibility/>

16   <https://www.cnbc.com/2020/04/28/apple-iphone-contact-tracing-how-it-came-together.html>

17   <https://www.netzwoche.ch/news/2020-04-02/forscher-kuendigen-laenderuebergreifende-contact-tracing-app-an>

18   <https://www.republik.ch/2020/04/22/setzt-die-corona-app-aus-der-schweiz-europaweit-standards>

19   <https://cdn.republik.space/s3/republik-assets/assets/can/PEPP-PT_+Data_Protection_Architechture.pdf>

20   <https://twitter.com/mikarv/status/1250851295520600066>

21   <https://drive.google.com/file/d/1OQg2dxPu-x-RZzETlpV3lFa259NrpklJ/view>

22   <https://github.com/DP-3T/documents/issues/66>

23   <https://eprint.iacr.org/2020/493.pdf>

24   <https://www.melani.admin.ch/melani/de/home/public-security-test/current_findings.html>

25   <https://files.ifi.uzh.ch/CSG/staff/rodrigues/extern/publications/WeTrace-Whitepaper-v2.0.pdf>

26   <https://arxiv.org/pdf/2006.05914.pdf>

27   <https://www.bag.admin.ch/dam/bag/de/dokumente/cc/kom/covid-19-replay-angriffe-und-aem-manipulationen.pdf.download.pdf/Application_SwissCovid_Attaques_par_rediffusion_et_manipulations_AEM.pdf>

Wie die Pandemie die EU-Digitalpolitik entzaubert

Noch zu Jahresbeginn inszenierte sich die EU als Pionierin der Tech-Regulierung. Dann kam die Pandemie. Und legte schonungslos offen: Es gibt noch viel zu tun.

Längere Version des Artikels, der am 04. August in der Republik erschienen ist

Es werde ihr Leuchtturmprojekt werden, sagte die EU-Kommissionschefin Ursula von der Leyen: der «Digital Services Act». Mit dem Regelwerk soll die Macht der grossen Plattformen zerschlagen[1], die rund 20 Jahre alte e-commerce-Linie aktualisiert und die Spielregeln der europäischen Digitalwirtschaft vereinheitlicht werden.

Noch im Frühjahr 2020 sah es danach aus, als ob der «Digital Services Act» in diesem Jahr in Kraft treten wird. Am 19. Februar präsentierte die EU-Komission[2] – nach nur 100 Tage Amtszeit – die langersehnten Richtlinien und Vision rund um Digitalisierung, Künstliche Intelligenz und Daten. Die EU wollte ihrer Rolle als De Facto-Regulator des globalen Internets und ethische Instanz treu bleiben. Sie stellte ein ambitioniertes Programm vor und führte neue Schlüsselbegriffe wie etwa «Digitale Souveränität» ein. Von der Leyen läutete danach die Konsultation ein. Sie wollte Meinungen einholen, Stimmungen testen, und Expertise einfliessen lassen.

Doch dann kam Corona. Und plötzlich war Schluss mit Ethik.

Wo die EU-Kommission erst noch über Grenzen diskutieren wollte, haben viele EU-Mitgliedländer bereits Fakten geschaffen. Videoüberwachung, Drohneneinsätze und Bewegungsprofile sind plötzlich keine Tabus mehr. Überwachungsgesetze wurden eingeführt oder verschärft, Gesundheitsbehörden lechzten nach GPS-Daten. Ausgerechnet EU-Staaten mit strengen Datenschutzgesetzen wie Frankreich und Deutschland wollten grosse Datenbanken mit Missbrauchspotenzial aufbauen.

Die EU-Kommission versäumte es, während der Pandemie-Krise klare Vorgaben für technologische Dos & Don'ts zu machen, die roten Linien zu markieren und ethische Standards zu etablieren.

Feierten westliche Medien noch vor einem Jahr die Brüsseler Behörden als De-facto-Regulator, befindet sich die EU nun in einem Formtief.

Wie ist das möglich? Drei Schwachstellen, die sich in den vergangenen Monaten herauskristallisiert haben:

Erstens fehlende einheitliche Richtlinien für die Digital- und Überwachungspolitik der EU-Staaten während der Pandemie.

Zweitens fehlende digitale Standards für Contact Tracing-Apps bezüglich Privatsphäre

Und drittens fehlende Rechtsdurchsetzung der DSGVO der grossen Big Tech-Fälle.

1. Quarantänekontrolle mit Drohnen während der Pandemie

«With this white paper the Commission is launching a debate on the specific circumstance – if any – which might justify the use of such technologies in public space.»

So zitierte das Technologiemagazin «TechCrunch»[3] die Worte von EU-Vizepräsidentin Margrethe Vestager bei der Veröffentlichung des Weissbuchs über Künstliche Intelligenz Mitte Februar 2020. Die TechCrunch-Autorin fügte an, dass Vestager vor allem beim Thema Gesichtserkennung im öffentlichen Raum das Wort «any» betonte. Sprich: Ob und wie automatisierte Gesichtserkennung eingesetzt werden soll, ist ungewiss. Die EU wollte sich Zeit nehmen, um ethische und verbindliche Standards rund um das heikle Thema auszuarbeiten.

Mit den im Februar präsentierten Papieren zum «Digital Services Act» blieb sich die EU ihrer bisherigen Linie mehr oder weniger treu: Die EU soll eine Pionierrolle für ethisch abgestützte Internetwirtschaft einnehmen. Ein neu eingeführter Begriff wird von den amtierenden Entscheidungsträgern geradezu inflationär verwendet: «Digitale Souveränität». Der Begriff findet sich 14 Mal im Grundlagendokument[4] zum europäischen Cloud-Projekt GAIA X. Damit gemeint sind europäische Werte, Unabhängigkeit und Datenschutz.

Doch während der Pandemie interpretierten die EU-Staaten diese digitale Souveränität in der Krise nach ihrem eigenen Gusto. Weil der europäische «Digital Services Act» sich erst noch in Entwicklung befindet (und erst Ende Jahr verabschiedet wird[5]), handelten viele von ihnen eigenmächtig, unkoordiniert und teilweise DSGVO-widrig.

Stichwort: Künstliche Intelligenz.

Da wäre zuerst mal die medizinische, nützliche Seite: Immer wieder wurde darüber berichtet wie maschinelle Algorithmen gegen die Pandemie helfen. Einige EU-Länder haben mit Software berechnet, welche Covid-19-Patient·innen intensivmedizinisch versorgt werden und welche nicht. Frankreich[6] und Grossbritannien[7] nutzen dabei einen «frailty score» – ein Verfahren, um die Gebrechlichkeit von Patient·innen zu berechnen.

Intelligente Algorithmen kamen aber noch ganz anders zum Einsatz: bei der Überwachung. Um zu überprüfen wie sehr sich die Bevölkerung an die Massnahmen hält, haben gewisse Staaten auf technologische Mittel zurückgegriffen, die bisher Tabuthemen waren.

Frankreich als eines der wichtigen EU-Mitgliedsstaaten entwickelte sich dabei zum Turbo und vielleicht auch langfristig zum Sorgenkind. Wie kaum ein anderes europäisches Land hat der wichtigste EU-Staat seine technologischen Überwachungsmöglichkeiten ausgebaut: Im März 2020 gab es rund 1,8 Millionen Corona-bezogene Polizeikontrollen[8], mitgeteilt wurden dabei gut 90.000 überwiegend geringfügige Verstösse[9]. Alle Bürgerinnen bekamen von der Regierung eine «Warn-SMS» zur Einhaltung der Vorsichtsmassnahmen.

Doch wie konnten solche Corona-Verstösse technologisch ermittelt werden?

Mehrheitlich über eine omnipräsente Video-Infrastruktur. Beim Thema biometrischer Identifizierung ist die Grande Nation schon weit fortgeschritten, nicht zuletzt dank der ausgeweiteten Befugnisse seit dem Ausnahmezustand von 2015. Einige französische Städte sind bereits flächendeckend mit entsprechender Technik ausgerüstet. Nizza arbeitet[10] seit dem Terroranschlag von 2016 mit der bekannten israelischen Firma Anyvision, Toulouse mit IBM, andere französische Regionen mit Huawei. Nach der Notstandsverkündung am 16. März haben Polizistinnen auch Drohnen[11] etwa in Cannes in die Luft fliegen lassen, die die Bevölkerung aufforderten. Mit den intelligenten Kameras führte Paris zusätzlich die «Mask Surveillance» ein. Die Videoüberwachungssoftware der Firma Datakalab ermittelt bei der Pariser Metrostation Chatelet-Les-Halles[12], ob alle Personen Masken tragen. Das französische Innenministerium nutzte die Pandemie, um vielerorts «digital first» zu etablieren (dies, obwohl über 20 % der Franzosen kein Smartphone[13] haben).

Auch andere EU-Staaten haben das Zeitfenster der eingeschränkten Grundrechte genutzt, um ihre digitalen Überwachungsbefugnisse auszuweiten. Sogar teils mit legislativer Mitwirkung. Das neue Parlament der Slowakei hat im Eilverfahren ein neues Gesetz verabschiedet, das als «Lex Corona» bezeichnet wird.[14] Es ermöglicht den Gesundheitsbehörden Zugang zu Mobiltelefon-Daten, mit denen sie infektionsgefährdete Personen verfolgen können. Anfang März verschickte die slowakische Regierung automatisch SMS an alle slowakischen Smartphone-Nutzern, die sich in Italien, Frankreich und anderen Ländern aufhielten.

Einige Privatunternehmen nutzten den Ausnahmezustand aus, um gewisse heikle Pilotprojekte in den Normalbetrieb zu überführen – im Namen der Pandemiebekämpfung. Die Privacy-Expertin Frederike Kaltheuner von der Mozilla Foundation[15] spricht von «einer Welle sogenannter Arbeitsplatzüberwachung». Unternehmen forderten die Installation von Spyware-Software zur Überwachung von Arbeitnehmer·innen im Homeoffice, in Fabriken wurden Geräte zur Temperaturkontrolle eingeführt.

In Spanien entwickelte das Rüstungsunternehmen Indra eine App, die misst, in welchem Masse Arbeitnehmer·innen Covid-19 ausgesetzt[16] waren. Die Risikoberechnung basiert auf der Überwachung des Aufenthaltsorts eines Mitarbeitenden und der Körpertemperatur. Die Risikowerte, also sehr heikle persönliche Daten, werden dabei auch in Personalverwaltungssysteme integriert. Die App war frei verfügbar.

Fazit: Für angebliche europäische Tugenden wie Datentransparenz, Selbstbestimmung via «Opt-in» oder Diskriminierungsschutz blieb während der Corona-Krise keine Zeit – die Pandemie verlangte nach schnellen technologischen Antworten. Wo also die EU-Kommission in Ruhe spezifische ethische Anforderungen von biometrischen Systemen diskutieren will, schaffen die Nationalstaaten nach Belieben «fait accompli».

2. Der französische «Elephant in the room» beim Contact Tracing

Nicht nur das vorpreschende Tempo einzelner EU-Staaten lässt die EU-Kommission mit ihrem Regulierungsprojekt alt aussehen. Die Union war kurz davor, ihre Reputation als Privacy Watchdog und moralische Instanz in Sachen Daten zu verspielen. Ausgerechnet die Tech-Giganten haben ihr dabei die Show gestohlen.

Streitpunkt hiess: digitales Contact Tracing.

Normalerweise legen die EU-Behörden den Tech-Konzernen Fesseln an, berühmtestes Beispiel ist die Datenschutzgrundverordnung DSGVO von Mai 2018.

Das übliche David-Goliath-Narrativ der EU versus Silicon Valley[17] funktionierte während der Pandemie nicht mehr.

Zwei EU-Staaten mit den strengsten Datenschutzgesetzen – Deutschland und Frankreich – pochten auf Technologie-Souverenität und maximale Datenausbeute. Apple und Google sowie ein grosser Teil der akademischen Welt hingegen auf Datensparsamkeit.

Der Hintergrund der Revolte: EU-Staaten wie Frankreich, die zentralisierte Contact Tracing- Apps bauten oder testeten, konnten ihre Anwendungen teils gar nicht in App Stores freischalten. Apple und Google sind mit ihren Betriebssystemen Gastgeber und legen strenge Spielregeln bezüglich Bluetooth-Übertragung fest. Applikationen, die nicht mit der Schnittstelle der beiden Tech-Player operierten und einen zentralisierten Ansatz verfolgten, haben es bis heute schwer. Die App-Nutzerin aus Frankreich kann zum Beispiel «nicht im Hintergrund» ihre Begegnungen mit Covid-19-Infizierten aufzeichnen lassen, die App muss permanent im aktiven Modus fungieren. Eine Push-Benachrichtigung von Facebook auf dem Smartphone reicht bereits als unterbrechendes Intermezzo – zum grossen Ärger der Bevölkerung.

Deutschland schwenkte aus diesem Grund auf das dezentrale Modell[18] um. Doch warum hielten EU-Länder wie Frankreich und Polen (und auch das Vereinigte Königreich) dennoch an solchen App-Modellen fest?

Weil viele Epidemiologen damit Bewegungen von Infizierten und Kontaktpersonen rekonstruieren können. Auch wenn sie letzten Endes nicht auf Standortdaten zurückgreifen, liegen ihnen mit dem permanenten Upload aller Schlüsselpaare genügend Informationen für die Mustererkennung über die Verbreitung des Virus vor.

Epidemiologisch mag das zentralisierte Modell vielleicht sinnvoll sein, aus Datenschutzsicht jedoch ist es ohne Beschränkungen eine Katastrophe, wie Beispiele in Asien[19] zeigen. Wenn die Gesundheitsbehörden wollen, können sie damit jede Einwohnerin re-identifizieren und ihre Bewegungen nachverfolgen.

Die Posse rund um den europäischen Standard der Contact Tracing-App zeigt eine neue Prioritätenordnung in Brüssel: Datensparsamkeit gehört gar nicht zwingend zur digitalen DNA Europas – wenn die wichtigsten EU-Staaten dagegen aufbegehren.

Der Protest der EU-Staaten hat zwar durchaus nachvollziehbare Gründe. Ein Suchmaschinenriese und ein Hardware-Gigant aus dem Silicon Valley diktieren europäischen Ländern vor, wie sie das digitale Contact Tracing bewerkstelligen sollen – aus demokratie- und staatspolitischer Sicht ein massiver Souveränitätsverlust. So bediente sich Cédric O, Frankreichs stellvertretender Minister für digitale Angelegenheiten, auch dieses Souveränitätsnarrativs, als er für die französische COVID-19-App warb und sich über Apple ärgerte.[20] «A big company, as efficient as it is, should not dictate the public health choices of a sovereign state,».

Diese Worte schienen in Brüssel auf Resonanz gestossen zu sein. Denn es gab keine Schelte für das datenhungrige Frankreich.

Die EU hatte es während der Pandemie versäumt, eine binneneuropäische Debatte rund um die Mindeststandards der digitalen Kontaktnachverfolgung zu führen und einen Konsens unter den Mitgliedländern zu etablieren. Zwar sprach sich das Europäische Parlament und die Europäische Kommission für den dezentralen Ansatz[21] aus. Doch dieses Verdikt hatte lediglich Empfehlungscharakter. Die EU hat es also verpasst, ein Machtwort in Sachen Datenschutz zu sprechen. Diesen Job erledigten stattdessen ausgerechnet zwei amerikanische Tech-Konzerne, indem sie Privatsphäre und Datensparsamkeit in die Architektur ihrer Betriebssysteme einverwoben.

Das zögerliche Verhalten der EU rächte sich nun in der Post-Lockdown-Ära und in der Urlaubszeit, in der Grenzschliessungen aufgehoben wurden und die Mobilität wieder anstieg. Denn mit den europaweiten Lockerungen im Mai erfolgte die nächste Episode im Contact Tracing-Drama, bei der viel wertvolle Zeit verstrich: Stichwort Interoperabilität. «Ohne Interoperabilität werden wir nicht reisen können», warnte EU-Kommissarin Margrethe Vestager am 9. Mai im EU-Parlament.[22] Da es nun 27 oder 28 unterschiedliche europäische Apps gibt, sollen diese zwingend auch untereinander kommunizieren können.

Auch hier hatte sich die EU-Kommission lange gesträubt, Tacheles zu reden. Denn der «Elephant in the room» – also Frankreich – wurden von der Kommission lange nicht angesprochen. Stattdessen arbeiteten Arbeitsgruppen monatelang an einem technischen Protokoll und versuchten die Quadratur des Kreises. Etwa dass es zwingend einen Standard für alle Modelle geben soll. Dass dies technisch wegen der Inkompatibilität von zentralen und dezentralen Standards kaum praktikabel ist ohne Einbussen beim Datenschutz, das wagte niemand in Brüssel laut auszusprechen. Um einer der wichtigsten EU-Mitgliedsländer nicht zu verärgern und das übliche Anti-Silicon-Valley-Narrativ aufrechtzuerhalten, hielt sich die EU-Kommission vornehm zurück und überliess die Bühne den empörten Ministern. Auch hierbei ging wieder wertvolle Zeit verloren.

Am 12. Juni verabschiedete das eHealth-Network der EU endlich Richtlinien für die Interoperabilität[23], die den Datenaustausch zwischen den zentralen Servern aller europäischen App-Lösungen regelt. Um die mittlerweile politisch aufgeladenen Begriffe «dezentral» oder «zentral» geschickt zu vermeiden, führte die EU neue Begriffe ein. Man redet dabei vom «COVID+ keys driven approach» womit klar ist, dass die EU von nun an nur noch den dezentralen Ansatz unterstützt. Mit anderen Worten: Für Frankreich werden die Standards nicht gelten. Endlich fiel eine Entscheidung.

Der Eiertanz rund um das «richtige» Modell für Contact Tracing führte dazu, dass erst jetzt im späten Hochsommer «barrierefrei» innerhalb der EU gereist werden kann. (Die Schweiz ist übrigens wegen fehlendem Rahmenabkommen[24] mit der EU davon ausgenommen, die SwissCovid-App kommuniziert nicht mit anderen Contact Tracing-Apps.)

3. Der Kuschelkurs gegenüber Big Tech

Irland ist Standort vieler grosser Unternehmen und bringt andere Mitgliedstaaten mit seiner zuvorkommenden Politik gegenüber den Tech-Konzernen gegen sich auf. Dieser Konflikt zeichnete sich schon lange vor der Pandemie ab – und wird Europa auch weiter beschäftigen. Im Zentrum steht dabei der eigentliche Exportschlager der EU: das Datenschutz-Paket DSGVO.

Das nun zweijährige europäische Regelwerk droht trotz seiner globalen Signalwirkung zur Makulatur zu verkommen. Einerseits, weil die E-Privacy-Verordnung seit Jahren verschleppt wird.[25] Die Richtlinie soll etwa die abstrakten DSGVO-Regeln konkretisieren und den Datenhandel bei Websites klar regulieren. Doch aufgrund massiven Drucks der Werbeindustrie haben sich EU-Kommission und EU-Ratspräsidentschaft bis heute nicht zu einem Entschluss durchringen können.

Zwar haben die nationalen Behörden manchen Unternehmen durchaus saftige Bussen wegen Verstössen gegen die Datenschutzregeln aufgebrummt, wie man dem Monitoring-Tool Enforcementtracker.com entnehmen kann (man beachte das Urteil in Italien gegen den Telecomkonzern TIM mit einer 27 Millionen Euro Busse[26]). Doch vor allem an den wirklich grossen Unternehmen sind die Behörden bislang gescheitert. Ende 2019 hingen ganze 23 Fälle gegen Big-Tech in der Luft.[27]

Das Hauptproblem liegt also bei der Rechtsdurchsetzung. Anders gesagt: Das Problem heisst Irland.

Der Kleinstaat ist der europäische Hauptsitz vieler Konzerne wie Apple und Facebook und daher Anlaufstelle für viele entsprechende Beschwerden. Die Organisation noyb – ein Akronym für «None of Your Business» – reichte gemeinsam mit dem federführenden Juristen Max Schrems noch am Tag des Inkrafttretens der DSGVO gleich drei Beschwerden[28] in Dublin ein. Sie betreffen Facebook-Tochterunternehmen (Whatsapp, Instagram, Facebook). Der Vorwurf: Die Tech-Konzerne hätten sich mit pauschalen Updates der Datenschutzerklärungen rund um den DSGVO-Stichtag vom 25. Mai 2018 einen Blankocheck ausgestellt.

Die eigentlich notwendige persönliche Einwilligung für Tracking, Datenverknüpfung und Personalisierung sei mit den Rundum-Updates gewissermassen erzwungen worden. Hätte etwa ein Whatsapp-Benutzer Klauseln abgelehnt, so hätte der Mutterkonzern als zweite Option nur die Löschung des ganzen Benutzerkontos angeboten. «Das ist keine wirkliche Wahl», argumentiert Schrems.[29] Es steht dem Geist der europäischen Datenschutzverordnung entgegen, die Freiwilligkeit und Koppelungsverbote auf ganzer Linie vorsieht.

Die irische Datenschutzbehörde liess sich lange Zeit mit der Entwicklung der Klagen gegen die Facebook-Subunternehmen. Sie wollte ihre Bussen gemäss Recherchen des Magazins «Politico»[30] eigentlich Ende 2019 verhängen. Stattdessen verkündete sie schliesslich im Mai 2020, dass sie gerade mal die ersten beiden von sechs Schritten im Bussenprozess erfolgreich abgeschlossen hat.[31] Die Organisation noyb schrieb daraufhin einen offenen Brief an die EU[32], der den Eindruck vieler Beobachterinnen zusammenfasste: Wenn Klagen gegen Big Tech so lange liegen blieben – in diesem Tempo könne das gut zehn Jahre dauern –, blieben dem durchschnittlichen Bürger seine «grundlegenden Rechte» verwehrt.

Kurz: Ohne tatsächliches Handeln bleibt die hochgelobte DSGVO ein zahnloser Papiertiger.

Tech-Giganten wie Google pochen darauf, rechtliche Konflikte im konzernfreundlichen Irland auszufechten. In Frankreich etwa haben sie schlechtere Chancen: Hier musste Google nach einer Beschwerde von noyb und der französischen Datenschutzbehörde CNIL bereits 50 Millionen Euro Strafe[33] wegen Verstosses gegen die DSGVO bezahlen. Frankreich fährt also zwar einen problematischen Kurs, wenn es um die staatliche Überwachung geht – privatwirtschaftliche Firmen hingegen packt es bei Datenschutzverstössen deutlich entschiedener an als Irland.

Auch andere bekannte Watchdogs wie der Hamburger Datenschützer Johannes Caspar bescheinigen Irland «schlechte Arbeit».[34] Oft würden an Dublin überwiesene Beschwerden versanden. Das räumt auch Datenschutzchefin Helen Dixon selber ein: Sie klagt über zu wenig Personal und fehlendes Know-how[35], um gegen Grosskonzerne wie Apple und Google wasserdichte Verfahren zu führen.

4. Und jetzt?

Im Zusammenhang mit den 5G-Handyfrequenzen zogen zwei Autorinnen der Bertelsmann Stiftung Bilanz über die so gern zitierte «digitale Souveränität»[36] her. Die EU schaffte es nicht, sich bei diesem so wichtigen Infrastrukturprojekt zu koordinieren. Stattdessen führten 28 Mitgliedsstaaten ihre jeweils eigenen Verfahren durch, 28-mal verabschiedete man unterschiedliche Vorgaben für Netzwerkausrüster. Zur Freude des umstrittenen chinesischen Konzerns Huawei. Er profitiert von diesem «europäischen Vakuum» bei wichtigen Technologiefragen wie 5G und verhandelt mit allen EU-Staaten bilateral.

Das Fazit der Autorinnen könnte man genauso für die gesamte europäische Digitalpolitik ziehen: Die Mitgliedsstaaten seien «in entscheidenden Fragen uneins» und suchten nationale Lösungen, «die einer effektiven europäischen Digitalpolitik im Weg stehen».

Und jetzt? Es gibt zwei Entwicklungen, die trotz allem hoffnungsvoll stimmen:

1. Insbesondere Vizepräsidentin Vestager, langjährige Wettbewerbs-kommissarin, hat schon mehrfach bewiesen, dass sie ihren politi-schen Auftrag ernst nimmt.[37] Mitte Juni kündigte sie denn auch an[38], gegen Apple wegen möglicher Wettbewerbsverstösse mit seinen Vorgaben für das Betriebssystem iOS vorzugehen. Kurz darauf folgte die klare öffentliche Kritik[39] am Einsatz von Algorithmen in der Polizeiarbeit. Vestagers harte Wettbewerbslinie inspirierte sogar den amerikanischen Kongress: Letzte Woche mussten sich die CEOs von Google, Facebook, Apple und Amazon in einem Hearing wegen ihrer Monopolstellung verantworten[40]. Vestager und von der Leyen möch-ten das ambitionierte Regulierungspaket – den «Digital Services Act» – bis Ende Jahr verabschieden.

2. Der Europäische Gerichtshof (EuGH) zeigt deutlich mehr Zähne als die Entscheidungsträgerinnen der einzelnen EU-Länder. Der EuGH schafft dort Fakten, wo sich die EU-Kommission aus Rücksicht auf die Nationalstaaten oder die Grossmacht USA gerne ziert. Vor knapp zwei Wochen etwa kippte er das Datenabkommen «Privacy Shield».[41] Der Gerichtshof hielt mit seinem Urteil fest, dass Daten nur dann standardmässig mit dem Ausland getauscht werden dürfen, wenn diese nicht an Geheimdienste wie etwa die US-amerikanische NSA weitergegeben werden – die von der EU-Kommission ausgehandel-ten Schutzgarantien und Formulierungen waren dem EuGH offen-sichtlich zu schwammig.

Es war auch der Europäische Gerichtshof, der Ende 2019 das «Cookie-Urteil» sprach[42]: Cookie-Banner auf Websites, bei denen Voreinstellun-gen mit eingefügtem Häkchen gesetzt und nur als Ganzes anklickbar sind, sind seither unzulässig. Die nationalen Behörden und Gerichte folgen den EuGH-Leiturteilen – das deutsche Bundesgericht etwa bestätigte das Urteil im Mai 2020[43]. Seither findet man auf sämtlichen Websites eine nutzerfreundliche Auswahl.

Es wird auch der Europäische Gerichtshof sein, welcher in letzter Instanz über die Nachzahlungen von rund 13 Milliarden Euro von Apple an Irland entscheiden wird[44], auf die Irland seinerseits verzichtet.

Und das ist die gute Nachricht: Es ist gut möglich, dass europäische Institutionen und Gerichte die EU auf einem einheitlichen Kurs in der Digitalpolitik vorantreiben – allen heterogenen nationalstaatlichen Interessen und einem überwachungsfreundlichen Kurs einzelner EU-Länder zum Trotz.

Quellen

1   <https://netzpolitik.org/2020/diese-regeln-plant-die-eu-fuer-daten-und-algorithmen/>

2   <https://ec.europa.eu/commission/presscorner/detail/en/ip_20_273>

3   <https://techcrunch.com/2020/02/19/europe-sets-out-plan-to-boost-data-reuse-and-regulate-high-risk-ais/?guccounter=1&guce_referrer=aHR0cHM6Ly93d3cuZ29vZ2xlLmNvbS8&guce_referrer_sig=AQAAANNW-MeJcd5vbAHAcx5qz3FCCNc517LAdH9rXzqC6jfG6dXGNYccb2WWyJLktQEEXQn-wuo0gueGXhqADwLn-WB25zc6eQOyIXWevcsJm-ywHwq3C4WHG0iHzUjeAR522_kknmHPMZOafABzPboBd2odK-JHxEel8MaE-xTbgCnUnP>

4   <https://www.bmwi.de/Redaktion/EN/Publikationen/gaia-x-technical-architecture.pdf?__blob=publicationFile&v=6>

5   <https://netzpolitik.org/2020/eu-plattformgrundgesetz-digital-services-act/>

6   <https://www.lemonde.fr/sante/article/2020/03/18/coronavirus-les-hopitaux-se-preparent-a-la-priorisation-de-l-acces-aux-soins-en-cas-de-saturation-des-services_6033474_1651302.html>

7   <https://www.telegraph.co.uk/global-health/science-and-disease/revealed-official-guidance-doctors-decide-coronavirus-patients/>

8   <https://netzpolitik.org/2020/von-krieg-und-schutzengeln/>

9   <https://www.lefigaro.fr/coronavirus-le-gouvernement-se-prepare-a-prolonger-le-confinement-20200323>

10 <https://netzpolitik.org/2020/von-krieg-und-schutzengeln/>

11 <https://edri.org/france-first-victory-against-police-drones/>

12 <https://www.lemonde.fr/pixels/article/2020/05/07/ratp-des-cameras-intelligentes-pour-mesurer-le-taux-de-port-du-masque-dans-la-station-chatelet_6039008_4408996.html>

13 <https://en.wikipedia.org/wiki/List_of_countries_by_smartphone_penetration>

14 <https://dennikn.sk/1819531/stat-bude-cez-mobily-sledovat-pohyb-nakazenych-a-asi-aj-ostatnych/>

15 <https://points.datasociety.net/europe-cannot-afford-to-shelter-in-place-on-digital-regulation-64b6f1bad584>

16 <https://www.elconfidencial.com/tecnologia/2020-05-27/covid-coronavirus-riesgo-exposicion-minsait-bra_2600307/>

17 <https://www.republik.ch/2020/06/26/die-pragmatischen-puristen>

18 <https://www.aerzteblatt.de/nachrichten/112308/Corona-Warn-App-Regierung-schwenkt-auf-dezentrale-Loesung-um>

19 <https://www.bbc.com/news/av/world-asia-52104798/coronavirus-how-china-s-using-surveillance-to-tackle-outbreak>

20 <http://eu-policies.com/competences/health/french-government-approves-contact-tracing-app/>

21 <https://www.europarl.europa.eu/doceo/document/TA-9-2020-0054_EN.pdf>

22 <https://netzpolitik.org/2020/europa-gespalten-bei-contact-tracing-apps/>

23 <https://ec.europa.eu/health/sites/health/files/ehealth/docs/mobileapps_interoperabilityspecs_en.pdf>

24 <https://www.srf.ch/news/schweiz/kein-datenaustausch-eu-laesst-schweiz-bei-tracing-app-auflaufen>

25 <https://www.sueddeutsche.de/wirtschaft/lex-digitalis-verschleppte-reform-1.4517675>

26 <https://www.garanteprivacy.it/web/guest/home/docweb/-/docweb-display/docweb/9256486>

27 <https://www.politico.eu/article/data-protection-privacy-ireland-helen-dixon-gdpr/>

28 <https://techcrunch.com/2018/05/25/facebook-google-face-first-gdpr-complaints-over-forced-consent/>

29 <https://techcrunch.com/2018/05/25/facebook-google-face-first-gdpr-complaints-over-forced-consent/>

30 <https://www.politico.eu/article/data-protection-privacy-ireland-helen-dixon-gdpr/>

31 <https://techcrunch.com/2020/05/22/first-major-gdpr-decisions-looming-on-twitter-and-facebook/>

32 <https://noyb.eu/sites/default/files/2020-05/Open%20Letter_noyb_GDPR.pdf>

33 <https://apps.derstandard.at/privacywall/story/2000118206052/dsgvo-franzoesisches-gericht-bestaetigt-datenschutzstrafe-gegen-google>

34 <https://www.politico.eu/article/data-protection-privacy-ireland-helen-dixon-gdpr/>

35   <https://www.politico.eu/article/data-protection-privacy-ireland-helen-dixon-gdpr/>

36   <https://www.bertelsmann-stiftung.de/de/unsere-projekte/vision-europe/projektnachrichten/digitale-souveraenitaet-als-europaeisches-oeffentliches-gut>

37   <https://github.com/republik/article-margarete-die-grosse?autoSlug>

38   <https://www.businessofapps.com/news/eu-commission-to-investigate-apple-over-anti-competition-claims/>

39   <https://www.euractiv.com/section/digital/news/vestager-warns-against-predictive-policing-in-artificial-intelligence/>

40   <https://www.theverge.com/interface/2020/7/30/21346575/tech-antitrust-hearing-recap-bezos-zuckerberg-cook-pichai>

41   <https://github.com/republik/article-wdwww-17-07?autoSlug>

42   <https://curia.europa.eu/jcms/upload/docs/application/pdf/2019-10/cp190125en.pdf>

43   <https://www.wbs-law.de/it-und-internet-recht/datenschutzrecht/eugh-cookies-aktive-einwilligung-c-673-17-45473/>

44   <https://www.dw.com/de/apple-muss-keine-steuer-milliarden-nachzahlen/a-54184688>